U0583347

文库

丛书主编

郑 毅

顾太清诗词

清·顾太清 著

张 钧 编注

吉林文史出版社

图书在版编目（CIP）数据

　　顾太清诗词 / (清) 顾太清著 ; 张钧编注. -- 长春: 吉林文史出版社, 2022.9
　　（长白文库）
　　ISBN 978-7-5472-8707-1

　　Ⅰ.①顾… Ⅱ.①顾… ②张… Ⅲ.①古典诗歌—诗集—中国—清代 Ⅳ.①I222.749

　　中国版本图书馆CIP数据核字(2022)第153389号

顾太清诗词
GUTAIQING SHICI

出 品 人: 张　强
　　　著: (清) 顾太清
编　　注: 张　钧
丛书主编: 郑　毅
副 主 编: 李少鹏
责任编辑: 吕　莹
装帧设计: 尤　蕾
封面设计: 王　哲
出版发行: 吉林文史出版社有限责任公司
电　　话: 0431-81629369
地　　址: 长春市福祉大路出版集团A座
邮　　编: 130117
网　　址: www.jlws.com.cn
印　　刷: 吉林省优视印务有限公司
开　　本: 170mm×240mm　1/16
印　　张: 17.25
字　　数: 260千字
版　　次: 2022年9月第1版　2022年9月第1次印刷
书　　号: ISBN 978-7-5472-8707-1
定　　价: 188.00元

"长白文库"编委会

（排名不分先后）

主　编：郑　毅　北华大学东亚历史与文献研究中心
副主编：李少鹏　北华大学历史文化学院
顾　问：刁书仁　东北师范大学历史文化学院
　　　　马大正　中国社会科学院中国边疆研究所
　　　　王禹浪　大连大学中国东北史研究中心
　　　　汤重南　中国社会科学院世界历史研究所
　　　　宋成有　北京大学历史学系
　　　　陈谦平　南京大学历史系
　　　　杨栋梁　南开大学历史学院
　　　　林　沄　吉林大学考古学院
　　　　徐　潜　吉林出版集团
　　　　张福有　吉林省文史研究馆
　　　　蒋力华　吉林省文史研究馆

编　委：王中忱　清华大学中国语言文学系
　　　　任玉珊　北华大学
　　　　刘信君　吉林大学马克思主义学院
　　　　刘　钊　复旦大学出土文献与古文字研究中心
　　　　刘岳兵　南开大学日本研究院
　　　　刘建辉　（日）国际日本文化研究中心
　　　　李大龙　中国历史研究院中国边疆研究所
　　　　李无未　厦门大学文学院
　　　　李德山　东北师范大学古籍研究所
　　　　李宗勋　延边大学历史系
　　　　杨共乐　北京师范大学历史学院
　　　　张福贵　吉林大学文学院
　　　　张　强　吉林文史出版社
　　　　韩东育　东北师范大学
　　　　佟轶材　北华大学
　　　　黑　龙　大连民族大学东北少数民族研究院

"长白文库"总序

中华优秀传统文化是中华民族的"根"和"魂"，习近平总书记高度重视中华优秀传统文化，并将其作为治国理政的重要思想文化资源。"不忘本来才能开辟未来，善于继承才能更好创新。""优秀传统文化是一个国家、一个民族传承和发展的根本，如果丢掉了，就割断了精神命脉。"中华优秀传统文化具有多样性和地域性等特征，东北地域文化是多元一体的中华文化中的重要组成部分。吉林省地处东北地区中部，是中华民族世代生存融合的重要地区，素有"白山松水"之美誉，肃慎、扶余、东胡、高句丽、契丹、女真、汉族、满族、蒙古族等诸多族群自古繁衍生息于此，创造出多种极具地域特征的绚烂多姿的地方文化。为了"弘扬地方文化，开发乡邦文献"，自 20 世纪 80 年代起，原吉林师范学院李澍田先生积极响应陈云同志倡导古籍整理的号召，应东北地区方志编修之急，服务于东北地方史研究的热潮，遍访国内百余家图书馆寻书求籍，审慎筛选具有代表性的著述文典 300 余种，编撰校订出版以"长白丛书"（以下简称"丛书"）为名的大型东北地方文献丛书，迄今已近 40 载。历经李澍田先生、刁书仁和郑毅两位教授三任丛书主编，数十位古籍所前辈和同人青灯黄卷、兀兀穷年，诸多省内外专家学者的鼎力支持，"丛书"迄今已共计整理出版了 110 部 5000 余万字。"丛书"以"长白"为名，"在清代中叶以来，吉林省疆域迭有变迁，而长白山钟灵毓秀，巍然耸立，为吉林名山，从历史上看，不咸山于《山海经·大荒北经》中也有明确记录，把长白山当作吉林的象征，这是合情合理的。"（"长白丛书"初版陈连庆先生序）

1983 年吉林师范学院古籍研究所（室）成立，作为吉林省古籍整理与研究协作组常设机构和丛书的编务机构，李澍田先生出任所长。全国高校古籍整理工作委员会、吉林省教委和省财政厅都给予了该项目一定的支持。李澍田先生是"丛书"的创始人，他的学术生涯就是"丛书"的创业史。"丛书"能够在国内外学界有如此大的影响力，与李澍田先生的敬业精神和艰辛努力是分不开的。"丛书"创办之始，李澍田先生"邀集吉、长各地的中青年同志，乃至吉林的一些老同志，群策群力，分工合作"（初版陈序），寻访底本，夙兴夜寐逐字校勘，联络印刷单位、寻找合作方，因经常有生僻古字，先生不得不亲自到车间与排版工人拼字铸模；吉林文史出版社于永玉先生作为"丛书"的第一任责编，殚精竭虑地付出了很多努力，为"丛书"的完成出版作出了突出贡献；原古籍所衣兴国等诸位前辈同人在辅助李澍田先生编印"丛书"的过程中，一道解决了遇到的诸多问题、排除了诸多困难，是"丛书"草创时期的重要参与者。"丛书"自 20 世纪 80 年代出版发行以来，经历了铅字排版印刷、激光照排印刷、数字化出版等多个时期，"丛书"本身也称得上是改革开放以来中国印刷史的见证。由于"丛书"不同卷册在出版发行的不同历史时期，投入的人力、财力受当时的条件所限，每一种图书的质量都不同程度留有遗憾，且印数多则千册、少则数百册，历经数十年的流布与交换，有些图书可谓一册难求。

1994 年，李澍田先生年逾花甲，功成身退，由刁书仁教授继任"丛书"主编。刁书仁教授"萧规曹随"，延续了"丛书"的出版生命，在经费拮据、古籍整理热潮消退、社会关注度降低的情况下，多方呼吁，破解困局，使得"丛书"得以继续出版，文化品牌得以保存，其功不可没。1999 年原吉林师范学院、吉林医学院、吉林林学院和吉林电气化高等专科学校合并组建为北华大学，首任校长于庚蒲教授力主保留古籍所作为北华大学处级建制科研单位，使得"丛书"的学术研究成果得以延续保存。依托北华大学古籍所发展形成的专门史学科被学校确定为四个重点建设学科之一，在东北边疆史地研究、东北民族史研究方面形成了北华大学的特色与优势。

2002 年，刁书仁教授调至扬州大学工作，笔者当时正担任北华大学图书馆馆长，在北华大学的委托和古籍所同人的希冀下，本人兼任古籍所所长、"丛书"主编。在北华大学的鼎力支持下，为了适应新时期形势的发展，出于拓展古籍研究所研究领域、繁荣学术文化、有利于学术交流以及人才培养工作的实际需要，原古籍研究所改建为东亚历史与文献研究中心，在保持原古籍整理与研究的学术专长的同时，中心将学术研究的视野和交流渠道拓展至东亚地域范围。同时，为努力保持"丛书"的出版规模，我们以出文献精品、重学术研究成果为工作方针，确保"丛书"学术研究成果的传承与延续。

在全方位、深层次挖掘和研究的基础上，整套"丛书"整理与研究成果斐然。"丛书"分为文献整理与东亚文化研究两大系列，内容包括史料、方志、档案、人物、诗词、满学、农学、边疆、民俗、金石、地理、专题论集 12 个子系列。"丛书"问世后得到学术界和出版界的好评，"丛书"初集中的《吉林通志》于 1987年荣获全国古籍出版奖，三集中的《东三省政略》于 1992 年获国家新闻出版总署全国古籍整理图书奖，是当年全国地方文献中唯一获奖的图书。同年，在吉林省第二届社会科学成果评奖中，全套丛书获优秀成果二等奖，并被国家新闻出版总署列为"八五"计划重点图书。1995年《中国东北通史》获吉林省第三届社会科学优秀成果二等奖。2005年，《同文汇考中朝史料》获北方十五省（市、区）哲学社会科学优秀图书奖。

"丛书"的出版在社会各界引起很大反响，与当时广东出现的以岭南文献为主的《岭南丛书》并称国内两大地方文献丛书，有"北有长白，南有岭南"之誉。吉林大学金景芳教授认为"编辑'长白丛书'的贡献很大，从'辽海丛书'到'长白丛书'都证明东北并非没有文化"。著名明史学者、东北师范大学李洵教授认为："《长白丛书》把现在已经很难得的东西整理出来，说明东北文化有很高的水准，所以丛书的意义不只在于出了几本书，更在于开发了东北的文化，这是很有意义的，现在不能再说东北没有文化了。"美国学者杜赞奇认为"以往有关东北方面的材料，利用日文资料很多。而现在中文的'长白丛书'则很有利于提高中国东北史的研究"（在"长白丛书"出版十周年纪念会上的发言）。中国社会科学院边疆史地研究中心主任厉声研究员认为："'长白丛书'已经成为一个品牌，与西北研究同列全国之首。"（1999年12月在"长白丛书"工作规划会议上的发言）目前，"长白丛书"已被收藏于日本、俄罗斯、美国、德国、英国、加拿大、澳大利亚、韩国及东南亚各国多所学府和研究机构，并深受海内外史学研究者的关注。

为了更好地传承和弘扬优秀地域文化，再现"丛书"在"面向吉林，服务桑梓"方面的传统与特色，2010年前后，我与时任吉林文史出版社社长的徐潜先生就曾多次动议启动出版《长白丛书精品集》，并做了相应的前期准备工作，后因出版资助经费落实有困难而一再拖延。2020年，以十年前的动议与前期工作为基础，在吉林省省级文化发展专项资金的资助下，北华大学东亚历史与文献研究中心与吉林文史出版社共同议定以《长白丛书》为文献基础，从"丛书"已出版的图书中优选数十种具有代表性的文献图书和研究著述合编为"长白文库"加以出版。

"长白文库"是在新的历史发展时期对"长白丛书"的一种文化传承和创新，"长白丛书"仍将以推出地方文化精华和学术研究精品为目标，延续东北地域文化的文脉。

"长白文库"以"长白丛书"刊印40年来广受社会各界关注的地方文化图书为入选标准，第一期选择约30部反映吉林地域传统文化精华的图书，充分展现白山松水孕育的地域传统文化之风貌，为当代传统文化传承提供丰厚的文化滋养，是一件功在当代、利在千秋的文化盛举。

盛世兴文，文以载道。保存和延续优秀传统文化的文脉，是人文社会科学研究者的社会责任和学术使命，"长白丛书"在创立之时，就得到省内外多所高校诸多学界前辈的关注和提携，"开发乡邦文献，弘扬地方文化"成为20世纪80年代一批志同道合的老一辈学者的共同奋斗目标，没有他们当初的默默耕耘和艰辛努力，就没有今天"长白丛书"这样一个存续40年的地方文化品牌的荣耀。"独行快，众行远"，这次在组建"长白文库"编委会的过程中，受邀的各位学者都表达了对这项工作的肯定和支持，慨然应允出任编委会委员，并对"长白文库"的编辑工作提出了诸多真知灼见，这是学界同道对"丛书"多年情感的流露，也是对即将问世的"长白文库"的期许。

感谢原吉林师范学院、现北华大学40年来对"丛书"的投入与支持，感谢吉林文史出版社历届领导的精诚合作，感谢学界同人对"丛书"的关心与帮助！

郑　毅
谨序于北华大学东亚历史与文献研究中心
2020年7月1日

"长白丛书"序

吉林师范学院李澍田同志，悉心钻研历史，关心乡邦文献，于教学之余，搜罗有关吉林的书刊，上自古代，下迄辛亥，编为"长白丛书"，征序于予，辞不获命。爰缀予所知者书于简端曰：

昔孔子有言："夏礼吾能言之，杞不足征也。殷礼，吾能言之，宋不足征也。文献不足故也，足，则吾能征之矣。"说者以为："文，典籍也。献，贤也。"这是因为文献对于历史研究相辅相成，缺乏必要的文献，历史研究便无从措手。古代文献，如十三经、二十四史之属，久已风行海内外，家传户诵，不虞其失坠，而近代文献往往不易保存。清代学者章学诚对此曾大声疾呼，唤起人们的注意，于其名著《文史通义》中曾详言之。然而，保存文献并不如想象那么容易。贵远贱近，习俗移人，不以为意，随手散弃者有之。保管不善，毁于水火，遭老鼠批判者有之。而最大损失仍与政治原因有关。自清朝末叶以来，吉林困厄极矣，强邻环伺，国土日蹙，先有日、俄帝国主义战争，继有军阀割据，九一八事变后，又有敌伪十四年统治，国土沦陷，生民憔悴。在政权更迭之际，人民或不免于屠刀，图书文物更随时有遭毁弃和掠夺的命运。时至今日，清代文书档案几如凤毛麟角，九一八事变以前书刊也极为罕见。大抵有关抨击时政者最先毁弃，有关时事者则几无孑遗。欲求民国以来一份完整无缺的地方报纸已不可能，遑论其他。

中华人民共和国成立以来，百废俱兴，文教事业空前发展。而中经十年内乱，公私图书蒙受极大损失，断简残篇难以拾缀。吉林市旧家藏书，"文革"期间遭到洗劫，损失尤重。粉碎"四人帮"后，祖国复兴，文运欣欣向荣，在拨乱反正的号召下，由陈云同志倡导，大张旗鼓，整理古籍，一反民族虚无主义积习，尊重祖国悠久文化传统，为振兴中华，提供历史借鉴。值此大好时机，李澍田同志以一片爱国爱乡的赤子之心，广泛搜求有关吉林文史图书，不辞劳苦，历访东北各图书馆，并远走京沪各地，仆仆风尘，调查访问，即书而求人，因人而求书，在短短几年内，得书逾千，经过仔细筛选，择其有代表性者三百种，编为"长白丛书"。盖清代中叶以来，吉林省疆域迭有变迁，而长白山钟灵毓秀，巍然耸立，为吉林名山，从历史上看，不咸山于《山海经·大荒北经》中也有明确记录，把长白山当作吉林的象征，这是合情合理的。

"丛书"中所收著作，以清人作品为最多，范围极其广泛，自史书、方志、游记、档案、家谱以下，又有各家别集、总集之属。为网罗散佚，在宋、辽、金以迄明代的著作之外，又以文献征存、史志辑佚、金石碑传补其不足，取精用宏，包罗万象，可以说是吉林文献的总汇，对于保存文献，具有重大贡献。

回忆酝酿编纂之际，李澍田同志奔走呼号，独力支撑，在无人、无钱的条件下，邀集吉长各地的中青年同志，乃至吉林的一些老同志，群策群力，分工合作，众志成城，大业克举。在整理文献的过程中，摸索出一套先进经验，培养出一支坚强队伍。这也是有志者事竟成的一个范例。

我与李澍田同志相处有年，编订此书之际，澍田同志虚怀若谷，对于书刊的搜求，目录的选定等方面多次征求意见。今当是书即将问世之际，深喜乡邦文献可以不再失坠，故敢借此机会聊述所怀。殷切希望读此书者，要从祖国的悲惨往事中，体会爱国家、爱乡土的心情，激发斗志，为"四化"多作贡献。也殷切希望读此书者，能够体会到保存文献之不易，使焚琴煮鹤的蠢事不要重演。

当然，有关吉林的文献并不以汉文书刊为限，在清代一朝就有大量的满文、蒙文的档案和图书，此外又有俄、日、英、美各国的档案和专著，如能组织人力，有计划、有步骤地进行整理，提要钩玄勒成专著，先整理一部分，然后逐渐扩大，这也是不朽的盛业，李君其有意乎？

吉林　陈连庆　谨序

一九八六年五月一日

序

词，兴于唐，盛于宋，衰于元明，到了清代又出现一派中兴繁荣景象。当时词家辈出，词作泉涌，甚至不亚于宋代词学全盛时期。在这百家争奇斗艳中，女词人顾太清直逼"国初第一词人"（况周颐语）纳兰容若，是最引人瞩目的佼佼者之一。

顾太清（1799—1876），名春，字子春，号太清。祖籍吉林汪清，出身于官宦之家。由于才色双绝，被乾隆曾孙多罗贝勒奕绘选为侧室福晋。"太清才气横溢，援笔立成"（《名媛诗话》）。其词气足神完，信笔挥洒，直抒胸臆，不造作，无矫饰，宛如行云流水，纤毫不滞，脱却了朱阁香闺情切切、意绵绵的吟风弄月之习，词风多近东坡、稼轩。太清词真如一串熠熠闪光的玑珠，令人喜诵乐读。其诗亦然。所涉猎题材之广，反映生活之吟，竟出自久居清廷宗室中一贵夫人之手，实不能不令人惊叹。然惜哉！其诗作《天游阁集》与词作《东海渔歌》，沉埋于书海，默默无闻，几近百年；更甚者，由于国势不振，使其流落海外异域，在国内竟寻不到完本！

张钧同志广集资料，觅得多种残缺之抄本、刻本，良苦之心可知。经悉心整理，反复参校，标断语句精当，笺释翔实，且要而不繁，终使庐山面貌得以重新显现光彩，确为学界一件幸事，亦是东北古代文学典籍整理的一项新成果。对研究清代文学具有重要意义，给吉林省文坛增补一位具有相当影响的女词人！将会受到广大学者、读者的欢迎。仅此为序云尔。

刘敬之

1989 年 3 月 1 日

前　言

一、《子春集》作者

在清代词坛上，继"国初第一词人"纳兰性德之后，还有一位词媛顾春亦是不可忽视的。毕生致力于词学的王鹏运（幼遐）认为："满洲词人男有成容若，女有太清春而已。"

顾春，字子春，号太清，自号太清春。生于嘉庆四年（1799），历道光、咸丰、同治三朝，约卒于光绪二年（1876），或更后，享年约七十八岁。

顾春的祖籍，其说不一。况周颐在《东海渔歌》词集的原序中谈及"铁岭词人顾太清"。《太清轶事》中又谓"太清姓顾，吴门人"云云。然而，太清却自举其族望曰"西林"。从《天游阁集》与《东海渔歌》诸卷之首可见，自署名为"太清西林春"。《太清轶事》谓："……其所以名西林春，知者尤鲜，太清本鄂文端曾孙女西林觉罗氏。"关此，《清代妇女文学史》满洲文学部分，乃至《清史稿·艺文志·正始集》中亦皆肯定太清春原姓西林觉罗，系文端公鄂尔泰的第三代人。顾春既是鄂尔泰的曾孙女，然则鄂尔泰的故里究属何方呢？《清史稿》（卷二百八十八·列传七十五）载："鄂尔泰，字毅庵，西林觉罗氏，满洲镶蓝旗人，世居汪钦。国初有屯泰者，以七村附太祖，授牛录额真。子图扣，事太宗，从战大凌河，击明将张理，阵殁，授备御世职。雍正初祀昭忠祠。"《钦定八旗通志》（卷一百十一·人物志六十一·大臣传四十七）中也清楚地著录着："鄂尔泰，满洲镶蓝旗人，姓西林觉罗，世居汪钦。高祖屯泰，国初，率族来归，授佐领。曾祖图扣，天聪五年，从征明大凌河，力战阵殁。授骑都尉世职。雍正三年入昭忠祠。祖图彦图袭世职，官户部郎中。父，鄂拜，国子监祭酒。鄂尔泰由举人于康熙四十二年袭佐领，授三等侍卫。五十五年迁内务府员外郎……"鄂尔泰生于康熙十九年（1680），历康熙、雍正、乾隆三朝，曾任都统、内大臣等要职，为显赫一时的人物。然而，至乾隆二十年（1755），其祖父鄂昌（广西巡抚），因文字狱牵连被赐自尽。于是太清一出生便是"罪人之后"，致使她多年流落于闽海，为荣恪郡王绵亿府上一姓顾的奴仆收养。遂改其原姓西林觉罗为顾氏。

《天游阁集·食鹿尾》："海上仙山鹿食苹，也随方贡入神京。晚餐共饱一条尾，即有乡心逐物生。"孟森《丁香花》就此云："因海上之鹿而起乡心，其故乡必为吉黑濒海产鹿之区可知。"所言虽未必确切，然亦可作佐证。

综上所述，可见顾春的祖籍当为今吉林省汪清。

由于顾春才色双绝，被多罗贝勒奕绘选为侧室福晋。其正室为妙华夫人，先逝。奕绘（生于嘉庆四年〔1799〕，卒于道光十八年〔1838〕）系清高宗（乾隆）之曾孙，即荣恪郡王之子。恪王薨，贝勒袭爵。累迁，官至正白旗汉军都统。奕绘性好风雅，号幻园居士，自称太素道人，与顾春号太清为偶。是时，顾春与奕绘经常并辔游山，即景唱和，于邸中亦多有尽兴之吟咏，可谓伉俪情笃意切，琴瑟谐好。冒鹤亭诗中有"九年占尽专房宠"之句。然而，好景不长，奕绘年仅四十离世。

奕绘颇嗜吟咏，著有《明善堂集》，系诗《流水编》、词《南谷樵唱》的总称。南谷（位于永定河以西，大房山之东）有霏云馆、清风阁、红叶庵、大槐宫等，皆奕绘度其山势，因其树木而构之，为百年计之佳城。后以"南谷"谓词集名。顾春之所以将其词集名为《东海渔歌》，盖以"东海"对"南谷"，以"渔歌"对"樵唱"，意在太清与太素相配者也，亦表其唱随之雅，好合之致。《子春集》之诗集，名"天游阁"。此阁为奕绘邸中一处，系太清、奕绘与诸友唱和或燕憩之所。关此，《夏至同夫子登天游阁诗》《谷雨日同社诸友集天游阁看海棠……遂以为题，各赋七言绝句》等诗作多见于集中。

顾春，时人多愿与之通好。《名媛诗话》提及"顾太清"，赞曰："待人诚信，无娇矜习气。"然，对于世间的势利小人等却投以极端鄙视或无情的痛诋。当时太清享有盛名，文士多以得一赠答为幸。

顾春天资颖悟，多才多艺，尤吟咏吐属出手不凡。《名媛诗话》谓："太清才气横溢，援笔立成。唱和皆即席挥毫，不待铜钵声终，俱已脱稿。"但，这位曾为后世留下近千首诗词的女词人却很少有人称道。"即使看过她一鳞一角的诗词，晓得顾太清这个名字，也不过把她当作辉珠——蓉湖夫人或随园那班女弟子之流一例的看待。那未免有点冤枉吧？"又云："她的诗词集以前恐无刻本。《天游阁集》于宣统二年(1910)才刊出来。《东海渔歌》到民国二年(1913)始有印本……流传均不甚广。这也是这位女词人埋没的一个主要原因。"（见《国学月报》第六九一页）清人陈廷焯说："词兴于唐，盛于宋，衰于元，亡于明，而振于我国初……"此言基本符合历史事实。爱新觉罗氏以满族入主中原，二百六十多个春秋，其诗词之盛，虽不及两宋，然而远过元明，毕竟出现一个中兴的局面。其间，诗媛词客众多，"一唱百和，未几成风"。

在东北词坛可称为杰出词人，即在整个清代文学史上也占有一席之地，与纳兰容若齐名的顾太清，为清代词坛的繁荣，无疑，当是做出卓越贡献者之一。对于她的功绩不应抹杀，对于她的成就当引起后人的重视。

二、《子春集》版本

《子春集》即为诗《天游阁集》、词《东海渔歌》的总称。为清代满族杰出女词人顾春所撰。《天游阁集》于宣统二年(1910)十月，由神州国光社据如皋冒氏抄本排印(本文旁加"钝宧"之校语，即冒鹤亭之言)，而后刊入《风雨楼丛书》。诗五卷，与抄本比较，可知原来缺第四卷，将第五卷分作二卷，以符合原数。集后附诗补。凡诗六首。是书正文用白连史纸印：计152页；规格为26.5厘米×15.5厘米；每页10行。《东海渔歌》有两种刻本。第一种于民国二年癸丑(1913)，由桂林况周颐依据抄本，委托西泠印社刻印。是书原缺第二卷。以沈善宝《名媛诗话》有太清词五阕，录为补遗。前置桂林况周颐夔笙序。是书以宣纸印，共二卷，现仅存一卷；规格为21厘米×15厘米；序四页，正文三十页；每页九行。第二种于民国三十年辛巳(1941)，由王佳寿森竹西社排印(刻本)。集前有《王佳寿森序》《况周颐序》《太清轶事》，还有徐德培、庆珍、伊既明、张润普、梁启勋的题词。是书卷一、卷三、卷四均据况周颐刻本。卷二依据朱彊村的抄本《渔歌》一卷补入。集末据钱塘沈湘佩女使《名媛诗话》著录，附补遗五阕。是书正文用机制白纸(有光纸)印；共有170页；规格为19.2厘米×9.5厘米，每页9行。我国现存的刻本《天游阁集》与《东海渔歌》均非足本。据日人铃木虎雄所见，顾春的《天游阁集》《东海渔歌》抄本皆为日人内藤炳卿收藏(见《国学月报》)。由于当时国势不振，致使祖国珍贵的典籍遗产飘零海外异邦，虽经多方奔波，求索逾三载，竟不可得。为尽早合浦珠还，曾竭诚求助我的赴日留学学生路涛与侨居日本任教的恩师姜国昌教授于海外苦心寻觅亦未如愿。实为一件令人感叹之憾事！唯愿有识之士使之璧合。

三、《子春集》内容

纵观《子春集》，无论是《天游阁集》诗作，还是《东海渔歌》词作，就其题材来看，都是较广泛的。作者一改历来某些诗人词客仅限于写秦楼楚馆，风花雪月之类，扎扎实实地植根于现实生活，把诗词创作的题材从狭窄的绮香朱户中解放出来，勇于将眼界扩展到生活的各个方面，以诗或词的形式从多方面，多角度地去展示生活。因之，她才能源远流长地反映现实生活，也才能使作品的内容更加丰富多彩。

《子春集》，虽曾见到一些游山川、登寺观、步田园、赏花草鸟兽之感怀、友人之间往来唱和等平凡之作，甚而出现些微"屏除一切人间事，赚得花前笑语和"等消极之语。然，瑕不掩瑜。顾春存世近千首诗词中，就其思想意义总的看来是健康的，个中不乏闪光之作，给人以有益的、美好的启迪。诸如，写刻苦向学的，伉俪情笃意切的，体恤侍儿的、痛诋势利小人的……。可贵的是，她虽然处于腐朽的、科学落后的、生产力低下，而又故步自封，闭关自守的封建社会，竟清楚地意识到"人能胜天"的客观真理。《暖炕》诗："人力胜天力，炎凉竟可移……"集中这种思想反映虽不多见，然而，即使一点点萌芽也是弥足珍贵的。

更可贵的是，顾春不畏权贵。奕绘弃世之后，其长子载钧（系正室妙华夫人所生）袭固山贝子。是时，他不仅身居高官，且拥财万贯，颇似《红楼梦》中荣国府的气派。由于所谓"丁香花公案"疑及太平湖奕绘之官邸。载钧据此与太清极不相容，大造流言蜚语，以诬太清，加之载钧与载钊、载初（顾春所生）兄弟之间不睦，唆使堂上（荣恪郡王之福晋）虐之甚急。顾太清宁肯放弃锦衣玉食，毅然携钊、初两儿并叔文、以文两女离邸，移西城养马营赁房去过凄清的日子，亦绝不畏权贵，受其凌辱。后，为置栖身之所，竟然卖掉仅有的金凤钗"已看凤翅凌风去"。可奕绘在世时精心筹建于南谷的无数楼堂馆舍，却尽为载钧所毁。谷中所有花木果蔬等亦皆为其赁出，每年得租六十余千金，任其挥霍。顾春病魔缠身，寡母携眷，生计维艰，乃至"几欲殉泉下"。因之，《子春集》中多有"模糊病眼泪丝悬""九回肠断寸心哀"等凄惋的诗句出现。虽如此，顾春从不乞求于载钧等权贵的怜悯。

尤为可贵的是顾春关心稼穑。《喜雨》云："小窗一夜听冬雨，大地来年报麦收。从此不须愁米贵，生民饱食复何忧。""霎时苏地脉，万点解民忧"（《十月十日同夫子作》）。作者能把注意力投到人民的"盘中餐"，挂记着生民的"饱食"，轸恤人民的生计，考虑到"解民忧"。这种思想高度，对于久居封建社会贵族丛中的顾春而言，实为难能可贵。诚然，这与作者后期家境陡然巨变有关。锦衣玉食已成往事，颠沛流离，困扰其身，度日维艰的生活使其有机会得以看到庶民辗转沟壑的愁惨。否则，她的眼光亦是很难注视到社会底层的。

关于《子春集》，略叙数语，欲知其详，请展本卷。

张钧

1989 年 3 月

附　记

　　久欲整理《子春集》。然而，自知才疏学浅，难能胜任。若置这颗长期被埋没的丽珠于不顾，实为憾事！幸逢吉林师院古籍研究所所长、"长白丛书"主编李澍田教授，得其诚挚的鼓励，才使我得以对整理是书奉献蝼蚁之力。

　　一、《子春集》诗作以1910年神州国光杜刻印的《天游阁集》作底本；词作以1941年王佳寿森竹西馆刻印的《东海渔歌》为底本，以1913年西泠印社刻印的《东海渔歌》为校勘本进行整理。

　　二、《子春集》作者祖籍，或曰铁岭，或曰吴门，众说纷纭。在整理是书同时，经考证当为长白地域内之汪清。

　　三、集中凡系明显有误之处，予以校正；对其繁体字改为简化字。

　　四、为是书断句时，发现《东海渔歌》中有些词系作者自度曲，对此唯依意点断。将集中较费解的词或句予以注释（钝宧校语皆移至诗或词末，作者自注均移入注释中，注释附于诗、词之后，以资参考。

　　五、《天游阁集》卷一，有《柳枝词》十二首。钝宧曰："此十二首，太清有朱笔自题其上曰：'此移入《东海渔歌》集'。"今将其移至《东海渔歌》第三卷末。《天游阁集》所附补遗词四阕与《东海渔歌》补遗五阕重复，故将《天游阁集》后补遗的四阕词删除。

　　六、本书诗或词，有标题者则用其原题，无题者则录其首句，有题序，选文字简练者代为题。

　　七、经整理《子春集》名为《顾太清诗词》。

　　八、江民繁、王瑞芳所著《中国历代才女小传》中，有顾春《齐天乐》一阕集外之作。今借其诗词出版之际，转录于《东海渔歌》补遗末。

　　在整理《子春集》过程中，全国韵文学学会会员、唐代文学会会员、吉林省诗词学学会理事、《北国诗词》编委、吉林大学中文系副教授徐翰逢先生在百忙中审阅全稿。吉林省社联主席、省诗词学会名誉会长刘敬之同志为之撰序。《顾太清诗词》今天有幸与诸公见面，乃刘敬之、李澍田、徐翰逢三位先生指导、鼓励、鞭策的结果；在编辑中，经吉林师院古籍研究所李亚超、洪纪华先生审正，在此深表谢忱。

笔者以公务之余，于如豆之灯光下，几度酷暑严寒，倘能奉献诸君草芥之助，不胜欣慰之至。

囿于水平，资料阙如，谬误难免，诚望识者，不吝赐教。

张钧
记于 1989 年 5 月

鈍宧曰少時聞外祖周季況先生是論

偕入都與臨桂土幼遐侍御論詞

中太清春之詔幼遐藏詞至多獨以未

樵歌及太清東海漁歌也太清爲貝勒

道人前年余征後森將鉏假得太

清遺事賦六絶句嘉與沈子封提學

士可桊事得此册於敝肆几詩五袋

中多割裂蓋當時未經寫定之本略爲

清姓顧或曰吳人或曰顧八代之裔言

樓設溺聊藥療　號太素郡王顥色　永封
具勘有聖書堂　俩福晉即　太常西林春著天　閣
華者曲夫湘妃娘吳門人才色　絕具　性密才座
宗常詔莊　宗人府時娶　森為宗人府主平以
內宗　故馮上謁鐵珊莊孫手自如玉　中並樂游西山作
白事　中　發其才　為　由是得出入府
勘興太　把太　管　輕雲　　西山樷明太清詞名史海漁
南具動　　　　次　對罦閨房韻事堪　趙管
乃世情謹房蓀　　事多　文　且有舉定卷詩詞
隨　之者語宗　濂素妾人在　不　或其幻想
與寄圖　葊蕐　　　故興吳安居士相
用至其　　　　言鐵嶺或謂吳越莫東
是商其後　　四　卷　　光緒　太素本鄂文端

歌孫辭卷
書太清事太素具　奕繪梁純親王永琪之孫也結
識名流劍室太清氏才華絕世　所為詞曰東梅漁歌

目 录

顾太清诗词

顾太清诗词

目录

13

顾太清诗词

顾太清诗词

顾太清诗词

天游阁集

《天游阁集》卷一

钝宧曰："少时，闻外祖周季况先生（星诒）言太清遗事綦详。其后以计偕入都，与临桂王幼遐侍御（鹏运）论词至满洲人，有'男中成容若，女中太清春'之语。幼遐藏词至多，独以未见渔、樵二歌为憾。谓朱希真《樵歌》及太清《东海渔歌》也。太清为贝勒（奕绘）侧室。贝勒自号曰太素道人。前年，余从后斋将军（溥侗）假得太素所著《明善堂集》，尝刺取太清遗事赋六绝句，嘉兴沈子封提学（曾桐）亟嗟异之。今年春，黄陂陈士可参事（毅）得此册于厂肆，凡诗五卷，阙第四卷，词四卷，阙第二卷，中多割裂，盖当时未经写定之本。略为排比，间加考证，以诒好事。太清姓顾，或曰吴人，或曰顾八代之裔。宣统己酉七月。"

游 仙 四 首

一

层台起虚馆①，桂柱兰为堂。
微风从东来，吹动罗衣裳。
翻阶木芍药，薜荔当门墙。
挥杯发清兴②，弦歌诵诗章。
繁星映户牖，明月照两厢。
为乐及良时，光景孰云长。

二

缥缈十二楼，上有仙人居。
左据青玉案，右拥鸿宝书。
琼瑶制危冠，芙蓉曳轻裾。
欢笑粲玉齿，从容下丹除③。
俯察碧流水，清波戏朱鱼。
仰观青天云，舒卷任太虚④。

三

巫山高巍巍，江水碧深杳。
中有阳台人⑤，清容舒窈窕。
翠袖倚朱阑，颜色常美好。
我欲往从之，不见三青鸟⑥。

四

层岩下斜日，云雾生重阴。
昏烟迷修渚，飞鸟投荒林。
清宵伫凉月，开窗弄鸣琴。
悠悠世中事，泠泠⑦弦上音。

①虚馆：清旷的堂馆。
②清兴：诗兴。
③丹除：宫殿的台阶。
④太虚：天空。
⑤阳台人：指传说中的女神。
⑥三青鸟：传说中的仙鸟名。为西王母侍者。此借指使者。语出唐李白《相逢行》"愿因三青鸟，更报长相思。"
⑦泠泠：形容声音清越。

采 菱 歌

采菱复采菱，采菱莫伤手。
采莲复采莲，采莲莫伤藕。
莲心①苦难除，菱刺利当剖。
珍重采菱人，凉风动湖口。

①莲心：莲实中的胚芽，有苦味。

读《光武本纪》

十三轻骑①霸乾坤，城上披图②更几人。
一笑中原挥顾定③，井蛙安识帝王真。

①十三轻骑：莽末天下乱，光武帝刘秀与李通、李轶等十三骑起兵。
②披图：展图。
③一笑中原挥顾定：谓有韬略，有智谋。

丙戌清明雪后，侍太夫人、夫人游西山诸寺

三月山花尚未发，一春忽忽过清明。
云移列岫山无数，雪满丛林树有声。
怪石自成蹲虎势，老松谁与卧龙名。
晚晴碧涧添新水，归路回看暮霭平。

钝宦曰："太清是年二十八岁。太夫人为荣恪郡王（绵亿）妃。夫人名妙华。太素与太清齐年。妙华夫人长太清一岁。"

戊子八月，雨中游城西天禧
昌运宫废址

烟叶青青豆叶黄，雨中荞麦白凝霜。
野水蘋花自采采，虚亭老树更苍苍。
隔□依稀露碧瓦，过桥断续堆红墙。
诸天法象①认不出，荒草深埋真武堂②。

钝宦曰："太清是年三十岁。"

①法象：指各种神佛的形象。
②真武堂：传说中北方太阴之神，即真武之神殿堂。

己丑暮春，雨后同霞仙七妹
游万寿寺作

春雨初晴后，郊原望远峰。
山高犹见雪，风定不闻钟。
竹里禅房静，门前溪水溶。
同来大欢喜，日色满苍松。

钝宦曰："太清是年三十一岁。"

题沈石田①《秋林曳杖》

落日秋山远，长林一径幽。
高人无所住，来往若虚舟②。

①沈石田（1427—1509）：明代杰出画家，名周，长洲人。亦工书法、诗文，
著有《石田集》。
②虚舟：空船。喻胸怀坦荡。

题文衡山①《秋湖晚眺》

秋水澄峰影，丹枫照夕阳。
忘机二三子，无语对沧浪。

①文衡山：即文徵明，明吴中四才子之一。诗文、书画皆工，画龙尤胜。
存世有《甫田集》。

题李晞古①《秋涉图》

乱石枯藤积水边，疏林叶净晚秋天。
寒滩欲济无舟楫，如此风波不可前。

①李晞古：（约1050—？）名唐，字晞古。河阳三城（今河南孟县）人。南宋杰出画家。工山水、人物，尤以画牛著称。存世作品有《江山小景》《清溪渔隐》等。

山 中 即 事

光阴真过客，逆旅即为家。
处处栖檐鸟，骎骎①赴穴蛇。
阳坡明赤草，古涧散黄花。
向晚长林黑，云山暮雨遮。

①骎骎：速行貌。

山楼五绝句

一

黄华峰①对读书楼，一片青山动客愁。
游子莫生乡国感，是身天地一浮鸥。

二

款段相随上小岑，斜阳坐话古松阴。
垂髫婢子痴憨甚，笑问云山高几寻。

三

雄边坐对如屏障，村落遥看似画图。
隔水蓝畴人采叶，近山朱果鸟将雏。

四

官路斜侵水一湾，白云缕缕出层峦。
秋林几处炊烟起，下见孤城方丈②间。

五

落日看山暮霭中，五陵③嘉树碧丛丛。
居人指说边城外，木落群过舐掌熊。

①黄华峰：山名。一在山西山阴县北；一在福建建瓯县东北。
②方丈：此处极言城小。
③五陵：汉高帝长陵、惠帝安陵、景帝阳陵、武帝茂陵、昭帝平陵，均在渭水北岸，今咸阳市附近，合称五陵。此处代指清帝陵寝。

乙 渠 联 句

手开清浅引山泉，子章　一窦相通小似拳。
运石犒劳童仆喜，太清　环楼作势岸陂圆。
苍龙①倒映孤松静，子章　碧水斜侵枕杜②偏。
瘦硬树根横地过，太清　滑平桥板待霜鲜。
涧莎新种宜垂雨，子章　寺塔遥看半没烟。
三面云窗峰楚楚，太清　双叉鹿径草芊芊③。
流觞有酒欢今夕，子章　采荇临风忆去年。
秋仲深林零栗甲，太清　墙阴细溜蔽牛肩。
观澜坐入那伽定④，子章　炼药将为自在仙。
儿女长竿争剥枣，太清　文章陈迹等飞鸢。
怀沙老阅人间世，子章　抱璞悠游物外天。
至道无为叹河伯，太清　寓言得意忘鱼筌⑤。

①苍龙：此处形容蟠曲的松树。
②枕杜：谓独生赤棠树。
③芊芊：草木茂盛的样子。
④那伽定：梵语称龙为那伽。定，指坐禅，如龙眠状态入静。

⑤得意忘鱼筌：《庄子·外物》："筌者所以在鱼，得鱼而忘筌。"

九日登后山二首

一

纫兰为佩桂为楹，沧海桑田几变更。

芳草微霜悲宋玉①，马蹄秋水②感庄生。

诗如陶谢③终为累，道贯聃周④亦强名。

此日登高长太息，凌风谁见远游情。

二

萧萧万壑树声威，栉比新篱照落晖。

谷口千家炊晚饭，豳风九月授绵衣⑤。

从来山势无惊患，终古人心有是非。

南望金星⑥升暮霭，寒鸦犹带夕阳飞。

①宋玉：战国楚辞赋家，屈原弟子。

②马蹄秋水：《庄子》篇名，即外篇中的《马蹄》篇和《秋水》篇。

③陶谢：晋陶潜、南朝宋谢灵运。皆以山水诗名。

④聃周：即老聃和庄周。

⑤豳风句：语出《诗经·豳风·七月》"七月流火，九月授衣。"

⑥自注："峰名。"

题《宣和竹鸡》

漏尽明星澹，晨光紫陌①分。

将雏寻竹粟，怜尔太殷勤。

能破千家睡，无愁一旅军。

不如栖老圃，终日伴耕耘。

①紫陌：京师郊野间的道路。

腌　菜

秋登场圃净，白露已为霜。
老韭盐封瓮，香芹碧满筐。
刈根仍涤垢，压石更添浆。
筑窖深防冻，冬窗一侑觞。

题恽南田①画册十绝句

一

玉翦翻翻逗柳梢，乌衣轻捷掠春郊。
落花天气初晴雨，衔得新泥补旧巢②。

二

柳半垂条草吐芽，轻寒轻暖欲烘霞。
瑶池③自有三千岁，错被人呼薄命花④。

三

渺渺芳汀⑤春水寒，两三追逐落花攒。
画师心共游鱼乐，片纸能教止念观⑥。

四

二月惊雷笋满林，丛抽紫玉见天心。
无端稚子⑦从根啮，剧断参天百尺阴⑧。

五

开花如翠带星张，半敛残英尚晓凉。
应逊瓠瓜真薄命，似从银汉恨相望⑨。

六

百合花开白玉盘，缟衣宜向月中看。
画师老笔曾题句，瑶圃霓裳舞夜阑⑩。

七

披离⑪翠盖无全叶，零落红衣冷半池。
秋雨秋风任憔悴，苦心结子有谁知⑫。

八

相对忘机沙上凫，蒹葭深处更相呼。
逍遥不羡鸂⑬鸳侣，红蓼黄芦仅足娱⑭。

九

蓬莱踪迹旧相知，翠羽明珰忆昔时。
恽老戏临子固卷，陈王应有水仙诗⑮。

十

群玉山头玉蕊飞，枯芦压雪鹭添肥。
明窗共展高人画，百四十年一叹欷⑯。

①恽南田（1633—1690）：名格，号南田，清初画家。
②自注："柳燕。"
③瑶池：古代传说西王母所居的地方。
④自注："折枝桃花。"
⑤芳汀：花草丛生的水中或水边的平地。
⑥自注："落花游鱼。"

⑦稚子：即竹豚，啮竹根之鼠。

⑧自注："硕鼠新笋。"

⑨自注："牵牛。"

⑩自注："百合。"

⑪披离：分散貌。

⑫自注："秋荷。"

⑬鹓：传说中与鸾凤同类的神鸟。

⑭自注："双凫出浴。"

⑮自注："南田自书戏临赵子固水仙卷。"

⑯自注："雪鹭。"

题边颐公①《柳丝双燕》

碧水微波送晚潮，斜风细雨燕双撩。
萋萋芳草江南路，无限春情在柳条。

①边颐公：名寿民，守颐公。清江苏山阳人。工诗词，精书法，不与尘事，为淮上高士。

东山草堂二首

一

春水满池塘，春光入草堂。
黄茅初盖顶，紫燕欲窥梁。
卉木见真趣，图书森古香。
濛濛新雨歇，花萼婉清扬。

二

淑气催花萼，春风入酒樽。
日长帘幕寂，人静鸟声喧。

拂座清松影，侵阶碧鲜痕。
山堂通略彴①，词赋接文园。

①略彴：小木桥。语出颜师古注："榷者步渡桥。《尔雅》谓之石杠，今略彴是也。"

鹦 鹉 湾

鲇鱼关外雨初收，鹦鹉山边春色幽。
怪石峥嵘滩水急，淙淙万古漱寒流。

次夫子草堂暴雨韵

远近峰头一片云，河鱼骤落马收群。
普天密密浑无极，万木翛翛①绿不分。
幽谷雨沉窗欲暝，黄昏风急水生文。
山堂入夜菰蒲②响，忆向西园听此君⑧。

①翛翛：羽毛败坏的样子，此似指风声，雨声、树木摇动声等。
②菰蒲：浅水植物。
③此君：指竹。

乌

东山乌最恶，无计可张罗。
结队欺豚栅，争栖夺鸟窠。
贪残常不足，凶忍种偏多。
亦有云间鹤，春风养太和①。

①太和：古代指阴阳会合、冲合的元气。语出《易·乾》"保合大和，乃利贞。"大，同"太"。

啄　木

东山多啄木，斑褐辨雌雄。
利嘴能穿树，微身善食虫。
气机开闭塞，禁法惑愚蒙。
万物各殊性，巍巍覆载^①功。

①覆载：天地的代称。语出《宋史·乐志》十三"揭名日月，侔德覆载。"

䴗^①

东山有独豹，群集大河滨。
肥腪^②羊脂腻，花斑玳瑁^③匀。
娇儿争羽翮，野客饭奇珍。
入馔空怜尔，文章不蔽身^④。

①自注："一名独豹，俗呼地䴗。"
②肥腪：指䴗膘肥肉厚。
③玳瑁：爬行纲，海龟科。其甲壳可制装饰品。此指䴗羽的色彩似玳瑁的甲片。
④文章不蔽身：䴗身上的花羽毛，没能保住自身。

戏拟艳体^①四首

一

亚字阑干曲径通，美人家在绿杨中。
秋千小院闲金索，芳草长堤老玉骢。
流水飞花随去住，断虹残日各西东。
武陵洞口云深处，踪迹难寻踏雪鸿^②。

二

十二珠帘控玉钩，晴丝花片总纤柔。
朱阑寂寂双飞燕，绿水沉沉数点鸥。
杨柳楼台经过处，碧桃门巷记曾游。
美人一去余芳草，断雨零云古渡头。

三

细草秾花各断肠，美人去后有余香。
巫峰③挟雨原非梦，洛浦④凌波太近狂。
日暮藤萝空密密，天寒修竹自苍苍。
回还江水无穷碧，可许相随一泛航。

四

采采芙蓉洛浦姿，碧阑晴雪落花时。
一溪春水浮山影，尽日灵风飏柳丝。
玉笛闲吹翻旧谱，红牙⑤低拍唱新词。
娉婷合是神仙侣，小谪人间归去迟。

①艳体：谓描写男女爱情的香艳诗。
②雪鸿：即"雪泥鸿爪"之略语。宋苏轼《和子由渑池怀旧》："人生到处知
何似，应似飞鸿踏雪泥。泥上偶然留指爪，鸿雁哪复计东西。"喻往事遗留的痕迹。
③巫峰：指巫峡神女峰。语出战国楚宋玉《高唐赋》楚襄王游云梦台馆，望
高唐宫观，言先王（怀王）梦与巫山神女相会。神女辞别时说："妾在巫山之阳，
高丘之阻，旦为朝云，暮为行雨。朝朝暮暮，阳台之下。"后用作男女幽会时的典实。
④洛浦：洛水水边，传说为洛神出没处。
⑤红牙：乐器名。调节乐曲节拍的拍板。多用檀木做成，色红，故名。

回　文①四　首

一

秋江一钓野情闲，赤叶枫林映碧滩。

游子客途乡渺渺，寺楼山曲路漫漫。

幽窗夜火孤村远，阔岸荒沙落月残。

舟泊晚凉初过雁，愁生更尽望江寒。

二

红衣舞尽落风轻，月照寒塘池水停。

东阁小窗临近岸，北堂高宴对深庭。

蓬蓬草径闲鸣蚓，灼灼花丛乱点萤。

空碧映天云寂寂，冷宵清露滴阶蓂。

三

台高接影云山远，漠漠烟溪碧绕廊。

回浪细翻平柳岸，小舟轻荡乱花塘。

罍樽②泻露清珠晓，簟枕③浮光素月凉。

苔径覆篁④新过雨，晚蝉鸣处动荷香。

四

霞晚照松青对座，古柯乔木夏阴阴。

花开一树仙桃小，鹤舞长天碧霭深。

遮岭片云飞渡涧，过桥危径曲通林。

蛙鸣乱草烟溪满，户人凉风好奏琴。

①回文：一种诗体，倒正皆可成诵。

②罍樽：古代器名。青铜或陶制，用以盛酒或水。盛行于商周时期。

③簟枕：枕垫以竹帘为之者。

④覆篁：倾倒之竹。

秋 荷 二 首

一

影娥池上晚凉归，离合神光忆宓妃①。
有限秋风翻翠扇，无边冷露坠红衣。
水堂画槛收残暑，虚阁珠帘卷落晖。
欹枕那堪一夜雨，荒蒲衰柳共依依。

二

秋荷不定露珠旋，憔悴红衣绝可怜。
结子有心甘冷落，牵丝无意自缠绵。
风吹舞袖人千里，霜倒平池水一天。
寂寞歌声闲画桨，斜阳两岸草芊芊。

①宓妃：伏羲氏女。相传溺死洛水，遂为洛水之神。

五杂俎①六首

一

五杂俎，机中丝。
往复还，风中枝。
不得已，客中思。

二

五杂俎，园里花。
往复还，树头鸦。
不得已，井底蛙。

三

五杂俎，元宵灯。

往复还，周天星。

不得已，趁斋僧②。

四

五杂俎，续命缕。

往复还，宵行鼠。

不得已，八风舞。

五

五杂俎，花间蝶。

往复还，春秋节。

不得已，从军别。

六

五杂俎，岁朝盘③。

往复还，绕阑干。

不得已，行路难。

①五杂俎：古乐府名，三言六句，"五杂俎，冈天草，往复还，车马道，不获巳，人将老"。无作者姓名，仅以首句为题。后人仿作，成为诗体的一种。俎，本作"组"。

②趁斋僧：犹云赶斋僧。

③岁朝盘：岁朝是一岁之始，即农历元旦。盘，指五辛盘。

集先恪王书《玉皇心印经字》①四首

一

悟得玄中妙，冥依日月精。
金丹能育圣，玉骨合无生②。
恍惚三身③聚，吸呼一气成。
上升光照耀，顷刻自神明。

二

百体皆和溢，灵风一气皇④。
青松出石窍，白水印朝光。
有守神充遍，非凋蒂固强。
明心通万理，履圣混存亡。

三

上药存真品，持盈⑤合不难。
深根回妙窍，易理⑥入神丹。
气若飞琼散，功能相火⑦残。
无名非有是，在柏不知寒。

四

绵绵与天合，知者永精灵。
七日飞真窍，三神⑧践有形。
默然而得纪，恍若可倾听。
焚诵各自妙，身轻入帝庭。

钝宧曰："先恪王者，荣恪郡王也。王为荣纯亲王之子。荣纯亲王为高宗第五子，贵妃所生。"又曰："余诗所谓'写经亲礼玉皇前'也。"又曰："太素得泰山石刻一百十四字，亦集为诗。有词纪事云：'泰岳残碑新句读，玉皇心印碎珍珠'。(浣溪纱)"

①《玉皇心印经》：道家经典。

②无生：犹云与天地万物同，无生无死。即佛家所谓，"无人无我，无生无死"者。

③三身：亦称"三佛"。佛教用语，指三种佛身。有两种说法为一是法身、报身、应身；二是自性身、受用身、变化身等。

④一气皇：皇，正也。一派正气。

⑤持盈：持守其成。

⑥易理：似指周易。

⑦相火：旧谓一种病相，与"君火"对称。

⑧三神：道家称三尸之神。三尸：道家认为人身中有作祟之神三，叫三尸，每庚申的日子，向天帝诉说人的过恶。

辛卯正月同夫子题邹小山①画册十首

一

澹月笼虚影，微风度暗香。
分明疏雨后，含泪倚回廊②。

二

春雨几番后，春光欲暮时。
一枝春殿里，无事号将离③。

三

虬蔓幂晴空，开花紫雾蒙④。
垂垂附松柏，幽谷自春风。

四

春风入短丛，四时花自好⑤。

秘诀异群芳，颜色长不老。

五

落落疏篱下，明明秋水时。
寒香花寂净，澹墨叶离披⑥。

六

一池澄碧水，满树紫薇花。
秘阁⑦轻风动，宫墙月影斜⑧。

七

嬝嬝疑无力，婷婷似有情。
闲阶秋露下，明月正三更⑨。

八

修竹佳人宅，空山白日暮。
翠袖何珊珊，天寒怯风露⑩。

九

谁翦锦成团，明霞映画兰。
十分花样好，绣作舞衣看⑪。

十

冻蕊含春意，真香破腊开。
绛珠凝秀色，海上一枝来⑫。

钝宧曰："太清是年三十三岁。"

①邹小山（1686—1774）：名一桂，号小山，清画家。江苏无锡人。亦工文，著有《小山文集》。

②自注："梨花。"

③自注："芍药。"

④自注："紫藤。"

⑤自注："长春。"

⑥自注："墨菊。"

⑦秘阁：历代封建王朝宫中收藏珍贵图书之处。

⑧自注："紫薇。"

⑨自注："海棠。"

⑩自注："修竹。"

⑪自注："石竹。"

⑫自注："腊梅。"

题明慈圣李太后像①

慈圣前明后，观澜坐水旁。
一登欢喜地，千古法云②香。
有子为皇帝，无权治竖珰③。
呜呼九莲像，遗憾可能忘。

①自注："像贮慈寿寺香云阁中。"
②法云：谓佛法如云，覆盖一切。
③竖珰：竖，宫中小宦。珰，宦官的冠饰。指宦官。

五月廿二日，夫子购得钱舜举①《荷花》一轴，有诸家题句分和

一

脉脉春流入小池，田田荷叶渐参差。
倚阑长袖人何处，日午花开尚未知。
水满平池絮点苔②，待看菡萏向人开。
虚堂新买钱家画，此际江南正落梅。

二

半池冷露尽欹东，小制荷衣拾落红。
破叶尚余秋色里，晚香犹恋水心中。

三

影愁娥听三更雨，越女空怜一夜风。
更有方壶旧题句，花应开近上清宫③。

①钱舜举（1239—约1301）：名选，字舜举，元初杰出画家。吴兴（今浙江）人。亦工书，能诗，谙于音律学。存世作品有《西湖吟趣》等图。

②点苔：绘画笔法一种。

③自注："轴中有方壶道士题诗故云。"上清宫：上清，相传神仙居处，道教常以之名其宫观。

题唐寅①画《麻姑②像》

螺髻③双垂绾堕云，天衣无缝妙香熏。
从容素手舒长爪，绰约酡颜④带薄醺。
沧海回看几更变，灵台⑤旷劫自耕耘。
玉壶常有金精在，不许人间下士闻。

①唐寅（1470—1523）：一字子畏，字伯虎，明代杰出画家。长洲（今苏州）人。弘治中举于乡，工书画诗文。画擅于山水，兼精人物。麻姑为传说中的女仙。

②麻姑：仙女名，传说其手很长似鸟爪。传说东汉时应仙人于方平召，降蔡经家，云："接待以来，已见东海三为桑田。"

③螺髻：形似螺壳的发髻。

④酡颜：醉后脸红的样子。

⑤灵台：同"灵府"，指心。

蝉

一声清响午晴初，佳趣输他野客居。

杨柳翛翛幂门户，菰蒲面面绕窗庐。
特添朝课①催诗卷，更费香奁作鬓梳。
最忆东山旧游处，夕阳归路听徐徐。

①朝课：即早晨的功课。

东山苗道士

六月十五日，东山苗道士寄来七寸许小猴一双，每当饲果，必分食之，似有相爱意，诗以纪之。

东山苗道士，远寄一双猴。
拊背怜同类，牵绳喜并游。
雄雌各有让，搏击不相仇。
殊胜豺狼辈，好心蓄暗谋。

钝宧曰："此亦长安俊物也。"

七月三日夫人期年，遣五儿载钊往祭，痛成一绝句

悠悠生死一年别，忽忽人情几度催。
金顶山头风雨夜，殡宫哭奠一儿来。

钝宧曰："妙华夫人以庚寅七月五日逝，年三十三。逝时以自书《遗教经》及玉马为殉，见《明善堂》诗注。自妙华夫人逝后，又九年为戊戌，而太素逝。余诗所谓'九年占尽专房宠，四十文君傥白头'也。"又曰："载钊生乙酉七月九日，是年六岁。"

题 画 四 首

一

空山谁建法王坛①，喜舍慈悲四相②宽。
日午灵风翻贝叶③，一声清磬出林端④。

二

麟阁⑤真容若是夫，功人功狗⑥迹全无。
高闲谁寓丹青笔，不画名臣画酒徒⑦。

三

扇头今见王孙画，天道盈亏本不齐。
南渡能无亡国恨，幽禽应羡一枝栖⑧。

四

雨中山势看模糊，乱点斜皴⑨树有无。
瓦瓮酒香供野客，竹炉茶熟唤奚奴⑩。

①法王坛：道教名词。道士设醮施法和举行祈祷的场所。
②四相：佛教以离、合、违、顺为四相。
③贝叶：印度贝多罗树的叶子，用水泡后可以代纸，古代印度人多用以写佛经，后因称佛经为"贝叶经"。
④自注："秋山兰若。"
⑤麟阁：麒麟阁的略称。汉代阁名。在未央宫中。语出《三辅黄图》"麒麟阁，萧何造，以藏秘书，处贤才也。"后多以其表示卓越的功勋和最高的荣誉。
⑥功人功狗：《史记·萧相国世家》所谓：高帝曰："夫猎，追杀兽兔者狗也，而发踪指示兽处者人也。今诸君徒能得走兽耳，功狗也，至如萧何，发踪指示，功人也。"
⑦自注："竹林七贤图。"
⑧自注："明宗室画梅花寒雀。"
⑨皴：中国画的一种笔法。
⑩自注："烟雨茅屋。"奚奴为旧时谓仆役。

24

孟冬朔，贝勒初赐食坤宁宫
胙肉恭纪

报本思无极，冬蒸①正格神。

乾坤一元始。天地万家春。
穆穆②大宗室，桓桓③诸子臣。
怀糕布恩泽，亲奉太夫人。

钝宦曰："太素以上年十月授正白旗汉军都统。"

①冬蒸：冬祭。
②穆穆：庄严貌。
③桓桓：威武貌。

壬辰闰九月十三夜作

白日莫闲过，光阴浪不留。
读书良有益，观化①遽舞休。
瓜实寒犹缀，蛛丝凉渐收。
人情与物理，时向静中求。

钝宦曰："太清是年三十四岁。"

①观化：观察变化。《庄子·至乐》："生者，假借也；假之而生生者，尘垢也。死生为昼夜。且吾与子观化而化及我，我又何恶焉！"

寒　蝶①

秋容看已尽，蛱蝶尚徘徊。
似恋园林好，那知草木摧。
依依寒敛影，恻恻②冷侵苔。
庾岭③梅花发，何如归去来④。

①自注："代夫子和潘芝轩尚书作。"
②恻恻：悲痛貌。
③庾岭：大庾岭，亦称梅岭。为五岭之一。

④归去来：辞赋篇名。晋陶潜作。比喻归隐。

题李思敬画《荷叶鸂鶒①》

何处双鸂鶒，只飞栖败荷。
凉风入池沼，花果已无多。

①鸂鶒：一种水鸟，也叫紫鸳鸯。

至　日①

衰颜暗向鬓丝催，地渐南游暖渐来。
春意待看河畔草，天心已复地中雷。
晴窗彩线盘金缕，碧海灵风破玉梅。
忽忽浮生三十四，百年行乐几倾杯。

①至日：指冬至。

癸　巳　春　雪

春分犹雨雪，二月尚重裘。
浅草埋银海①，新条结绣毬。
冷侵芸阁幔，寒入玉人楼。
匝地②阴云重，漫天花雨浮。
纷纷铺石砌，剪剪③上帘钩。
坐对尊中酒，琼瑶落未休。

钝宦曰："太清是年三十五岁。"

①银海：指雪。
②匝地：遍地。

③剪剪：形容风轻微而略带寒意。

二月十五日清明前一日雨中作

夭桃双树粉墙东，几处高枝破小红。
莫向年时忧稼穑，早从草木兆登丰。
柳烟难禁清明火，花气先愁谷雨风。
看到成阴结子后，天心无物不全终。

次夫子清明日双桥新寓原韵

一

萧寺①垂杨岸，明湖第几湾。
去来今日事，二十五年间②。
碧瓦凄春殿，玉峰看远山。
僧窗对流水，欲往听潺潺。

二

欲往城西寺，还须待杏花。
羸③躯仍怯冷，好景不容赊。
柳眼④蘸春水，渡头明晚霞。
溪山生暝色，闪闪数归鸦。

钝宦曰："双桥寺在畅春园宫门西，时从将军庙移居此也。此为海淀寓园，其邸第则在宣武门内之太平街。太素诗有'太平湖巷吾家住，车骑翩翩侍宴还'之句。自注云：'邸西为太平湖。邸东为太平街。'余诗所谓'太平湖畔太平街，南谷春深葬夜来。人是倾城姓倾国⑤，丁香花发一低徊'也。"

①萧寺：佛寺。
②自注："余二十五年前，侍先大人曾游此寺。"
③羸：瘦弱。
④柳眼：指早春杨柳初生之叶，如人睡眼初展。

⑤人是倾城姓倾国:人是倾城,言其貌美;姓倾国,取"再顾倾人国"之意,隐其姓"顾"字。

游双桥小寺感怀

小寺旧游处,禅房易旧模。
惟余老柏树,不改旧根株。
野水消风日,方塘杂稻蒲。
前园东在望①,云里闭金铺②。

①自注:"前园,即为畅春园。"
②金铺:门上兽面形铜制环钮用以衔环。此指门。

宝 藏 寺①

宝藏云峰秀,春山碧草齐。
清凉禅客室,冰玉主人题。
花雨层台上,泉声法座西。
登高渺城郭,万井晓烟低。

①自注:"寺有怡僖亲王题《清凉禅室》。"

题赵伯驹①画《古木寒鸦》二首

一

茅舍自成村,兼葭绕荜门②。
木凋鸦向背,山迥月黄昏。
夜气迷修渚,寒烟生古原。
凄凉无限意,应念赵王孙。

二

芦荻暮江边，遥峰落日圆。

寒鸦三十对，老树几千年。

作画君王后，题诗花柳前。

不知百世下，诗画又谁传。

①赵伯驹：南宋画家。传有《江山秋色图》。

②荜门：用竹、树枝编成的门，引申指穷人家房屋。

送　春①

昨夜初晴暖气烘，朝来爽气到帘栊。

一天云雨春光尽，三月莺花此日终。

莫厌伤多人中酒②，最堪怜处絮随风。

青青河畔王孙草，阅遍流波今古同。

①自注："前一日雨。"

②中酒：即醉酒。

游城南三官庙，晚至白云观①

驾言②游南郭，十里菜花香。

水抱城隅曲，塍③分麦陇长。

桔槔④提柳罐，精舍就村庄。

晚过白云观，仙音出道场。

①白云观：道教宫观名。在北京市。

②驾言：驾，乘车；言，语气助词。《诗经·柳风·泉水》："驾言出游，以写我忧。"

③塍：田间的土埂。

④桔槔：亦称"吊杆"。一种提水工具。

瓠 瓞①

一

手种瓠瓞垂满架，粗枝柔蔓互交侵。
风吹翠羽轩轩②举，人坐秋凉淡淡阴。
照夜轻花开白雪，济川微物抵黄金。
可能识得壶中乐，造化根源著意寻。

二

绿阴如幂影扶疏③，骤雨飘风此地无。
长柄几经劳画手，细腰不待减宫厨。
虚中个个能容物，观化头头各趣途。
应世何妨随世应，绕篱闲数碧瓠數。

①瓠瓞：即葫芦。
②轩轩：起舞貌。
③扶疏：繁茂分披貌。

十月十日五梦中得二十字

何处红桥水，微风吹白蘋。
人从桥上过，鸥鹭自为群。

题《乘风破浪图》

征棹溯寒流，朝霞宿雾收。
水连云梦泽，风满岳阳楼。
野浦惊鸿雁，高帆展素斿①。
君山如画里，渺渺洞庭秋。

①素斿：白色的飘带。斿，同"旒"。

洛　神①

盼以流波佩以琚，芙蓉高绾髻云梳。
送君远矣天涯杳，有美人兮旷劫初。
水影烟光迷所适，微风落日渺愁予。
青青不尽茳篱②草，翠羽明珠总是虚。

钝宧曰："太清是年三十六岁。是月五日，子载同生。以与太清同日，故
名曰载同。"又曰："荣恪郡王三十六岁生太素。太素三十六岁生载同。又适
与太清同日。故太素诗有云：'先考三十六，生余颇憾迟。我年三十六，同儿
生亦奇。生日同伊母，生年同我期。祝儿同父母，名同字同之'也。"

①自注："甲午正月。"
②茳蓠：香草名。

题　画

呦呦仙鹿哨云中，行过层云第几重。
老树连阴飞绛蝠，悬崖急溜卧苍龙。
长春人酌延年酒，万古天开玉女峰①。
摘得蟠桃一回首，洗头盆对碧芙蓉。

①玉女峰：峰名。在陕西华山。传说上有玉女服玉浆。

落　花

一片朝霞落碧城，珠帘十二绿阴清。
云生西岭三更雨，花散东风万里晴。
芳树后庭歌旖旎，玉关羌笛怨分明。
可怜陌上飞如雪，半逐春波送客程。

游南谷天台寺二首

一

三月三日天台寺，日午灵风入法堂。
一段残碑哀社稷，满山春草牧牛羊。
庭前柏子参真谛，洞口桃花发妙香。
笑指他年从葬处，白云堆里是吾乡①。

二

大南峪里天台寺，楼阁参差云雾重。
野鸟山蜂皆法象，苍松古柏宛游龙。
大圆宝镜舒千手②，尺五青天压乱峰。
立马东岗新雨后，西南高插紫芙蓉。

钝宦曰："南谷在永定河之西，大房山之东，后为太清葬处。余诗所谓'南谷春深葬夜来'也。"又曰："太素词名《南谷樵唱》，盖与《东海渔歌》配。"

①自注："寺为明慈圣李太后所建。夫子拟葬夫人于此谷中。"
②自注："寺有大圆镜铸千眼观音像。"

题　画

四更残月上，古道有人行。
霜满天涯路，红楼梦未醒。

题黄慎①山水册，次原题诗韵

一

棹歌②唱遍沙头湾，老树高枝不易攀。

行到中流心自在，青螺几点涮^③西山。

二

茂林深处野人庐，烟水生涯妇子渔。
西塞山边风雨至，绿蓑青箬护丹书。

三

长藤不系往来船，风雨篷窗最可怜。
江水有涯潮有信，儿孙生长不知年。

四

海燕不作一处栖，蛮鹤高飞凫鹥^④低。
有情无情各异趣，日头东方雨脚西。

五

山容不改古今时，江柳江花亦不知。
醉卧扁舟随所适，蒹葭深处唱新诗。

六

苍波日夜镇长流，江上何人筑小楼。
乌帽闲眠对江水，饱看红叶万山秋。

七

利欲驱人似马驰，不如归去学痴儿。
山中共享余年乐，坐对寒梅赋好诗。

八

山下沉沉百尺潭，山头细细月初三。
到处云山好风景，赏心何必定江南。

九

筠篮挑入乱峰群，雨后新茶采雾云。
富贵半缘儿女累，消闲清况总输君。

十

又是东风解冻天，雪消人买下江船。
疲驴破帽谁家叟，行过春山多少年。

①黄慎（1687—1768 后）：清著名画家，字恭懋，号瘿瓢子。福建宁化人。
幼时家贫，长期寓居扬州，以卖画为生，为"扬州八怪"之一。
②棹歌：船歌。
③淛：同"浙"。
④鹭：鸥鸟的别名。

《天游阁集》卷二

题无名氏画《松》

扇头画似岩头树，满纸苍烟拨不开。
疑是开元毕御史，攀云截取一枝来。

王翚①画《赤壁赋》

秋江如练暮山低，纵棹虚舟好客携。
柔橹声中清露下，洞箫吹过月轮西。

①王翚（1632—1717）：清初画家。字石谷，号烟客外史，亦号耕烟散人。常熟（今属江苏）人。曾主绘《康熙南巡图》，受到康熙赏识，赐予"山水清晖"四字，因号"清晖主人"。

蒋季锡①画《燕子桃花》

蒋家诗画多绝伦，燕子如生花有神。
燕子已迷王谢宅，桃花不尽武陵春。

①蒋季锡：清画家，绘事娟秀。工书精弈。亦善诗词，有《挹清阁集》。

题无名氏画《鲤鱼》

黑云夭矫①结层阴，潮长秋江九派深。
一夜芙蓉花尽放，鲤鱼风起水仙吟。

①夭矫：屈伸貌。用以形容屈曲而有气势。

35

钱元昌①《升恒图》

霓裳仙子御灵风，明月如珠映碧空。
天籁无声归浩荡，大钧一气转鸿濛②。
羽分翠扇朝金母③，花散筠篮戏玉童。
曲宴瑶池添鹤算④，蓬莱日出海云红。

①钱元昌：清代画家，字朝天，号梦堂，又号一翁。海盐人。工诗，善书画。升恒：语出《诗·小雅》"如月之恒，如日之升"。此为颂君王基业之长久。

②大钧：指天，大自然。鸿濛：宇宙形成前的混沌状态。

③金母：古代神话中的女神，即王母。掌管女仙名籍，凡女仙都要去朝见她。语出《名义考》"金，西方成气，有母道，故曰母。"

④鹤算：古人以鹤为长寿之鸟。后因以鹤算、鹤寿为祝人长寿之词。

题画山水二首

一

板桥一道往来还，松下茅斋不闭关。
雨后壮添千尺瀑，云开忽现两重山。
穿廊流水听无厌，堆案好书相对闲。
隐几①先生如丧耦，几曾步履到人间。

二

百道飞泉落屋头，草堂四面敞新秋。
此间甲子忘今古，世上奔驰笑马牛。
涧水乱流江水浩，近山缺处远山浮。
茶铛药裹常随喜②，大好江山得胜游。

①隐几：凭着几案。此为打坐养神之意。《庄子·齐物论》："南郭子綦隐

机而坐。"丧耦：丧，丧失。耦，语出郭庆藩引司马彪说"耦，身也。身与神
为耦。"丧耦，即指精神离开了躯体。

②随喜：佛家语，谓游谒寺院。

哭　石　榴　婢①

哀哉石榴婢，相随仅七年。
十三初识面，问答两投缘。
慧性深知我，痴心望学仙。
略能探妙微，亦解诵诗篇②。
才见优昙③现，旋罹恶疾缠④。
游魂返寥廓，湛露散风烟。
切切怜新鬼，茫茫葬薄田。
赐衣同挂剑④，送汝镇长眠。

钝宧曰："太清有鹊桥仙词，为梦石榴婢作。余诗所谓'石榴可惜早升天'
也。"又曰："太素亦有悼石榴婢词三首，附录于此。词云：'石榴婢，今永归，
流辈双鬟似汝稀，聪明不负曾闻道，临没从容索赐衣⑤。"又："石榴婢，无美
颜，烹茶研墨侍东山⑥。新诗喜诵夫人句⑦，白骨幽坟唤不还。"又："石榴婢，
花优昙，七年银烛侍清谈。七年已抱五年病，舍利异床听小参。"⑧

①自注："六月七日。"
②自注："石榴尝爱颂予游仙登山诸作。"
③优昙：无花果树的一种，梵语。亦作优云钵、乌云拔罗等。义译为瑞，
或作祥瑞花。
④自注："以予常服衣履殓之。"
⑤钝宧注："伊临终索太清所赐旧衣而殁。"
⑥钝宧注："东山，晋谢安初隐东山。贝勒自号太素道人（见诗前序）故引
以自比。"
⑦钝宧注："伊为太清侍婢，故称侧室为夫人。"
⑧钝宧注："伊没前一夕，欲舁入府中，其母兄不听之。"

题倪云林①《清闷阁图》

高士幽居处，青山四面迎。
凉生清闷阁②，秋满阖庐城。
云影森乔木，香幢对净名③。
岩岩自孤立，百世表忠贞。

①倪云林：元画家，无锡人。家豪富，喜与名士往还。善诗，有《倪云林先生诗集》等。

②清闷阁：倪云林藏图书之处。

③香幢：刻有佛号或佛经的石柱。净名：毗摩罗诘佛的别称。唐言无垢，旧日净名。

题蒋楪《岁寒三友图》①

苍皮压雪龙鳞古，细筱临风凤尾斜。
应是玉堂人寂寞，巡檐呵手写梅花。

①蒋楪：清画家，工花卉。岁寒三友：松、竹经冬不凋，梅则耐寒开花，故有"岁寒三友"之称。

题王端淑《碧桃翠禽》

风前玉蕊濛濛写，天际浮云澹澹遮。
小鸟枝头相睡稳，月明初上碧桃花。

题无名氏画《雁》

燕声才过楚江头，江上兼葭生暮愁。
帝子祠前秋水阔，冷云挟雨暗巴邱①。

①巴邱：山名。在湖南岳阳。

题陈南楼①老人画扇

藐姑射②仙冰雪姿，延年长进紫灵芝。
飞来何处双青鸟③，幽竹丛中占一枝。

①陈南楼（1660—1736）：清女画家。名陈书，号上元弟子、南楼老人，秀水（今浙江嘉兴）人。家贫，常以卖画自给。
②藐姑射：山名，在北海中。《庄子·逍遥游》："藐姑射之山，有神人居焉，肌肤若冰雪……。"
③双青鸟：传说王母旁之侍者，此借指使者。

题马眉①《秋荷水鸟》

一枝芦苇压秋波，野鸟飞来意若何。
借问西风今早晚，满池荷叶已无多。

①马眉：字子白，号雪渔。清常熟人。画花鸟芦雁，入神品。

题朱德润①山水

作画朱德润，词题岳蒙泉。
长林横暮霭，野水起寒烟。
老树无多叶，孤城接远天。
斯图五百载，神韵②自完全。

①朱德润（1294—1365）：元画家。存世作品有《秀野轩》《林下鸣琴》等。
②神韵：指图的神采气度。

白云观乞斋

白云观里放斋期，十担黄芽一釜炊。
乞得一盆真上品，菜根风味古人知。

自题道装像

双峰丫髻道家装，回首云山去路长。
莫道神仙颜可驻，麻姑两鬓已成霜。

钝宦曰："像为道士黄云谷画。太素有题词。词云："全真装束古衣冠，结双鬟，
金耳环。耐可凌虚①。归去洞中天。游遍洞天三十六，九万里，阆风寒。　　荣
华儿女眼前欢，暂相宽，无百年。不及芒鞋②，踏破万山巅。野鹤闲云无挂碍，
生与死，不相干。（临江仙）"又曰："余诗所谓'偷剪黄绡③便学仙'也。"

①凌虚：高入天空。
②芒鞋：即草鞋。
③黄绡：粗绸。道士之衣以黄绡为之，故称道衣为黄绡。

食 鹿 尾

海上仙山鹿食苹，也随方贡入神京。
晚餐共饱一条尾，即有乡心逐物生。

腊月二十二日哭九儿载同

同儿未周岁，一旦舍我死。
谁谓久能忘，老泪无时已。

钝宦曰："载同以痘殇。余诗所谓'一夜瑶台起朔风，凋残金锁泪珠红。秦
生晚遇潘生死，肠断天家郑小同'也。"又曰，"载同死，以周东村《传经图》为殓。
太素有八绝句哭之。诗云：'三尺桐棺万古庐，天伦一载偶相于。传经图好判为殉，
哭子诗成不及书①。九月种痘悔误听，腊月死发遍身青。秦公晚识老潘没，过
信庸医读父经②。天下原无治死方，霎时肌肉冷于霜。愿将八苦③因缘本，回向
如来大法王④。恩怨稠林生死关，半由人力半由天。同儿生与同儿死，甲午诗
中首尾编。前朝老辈行看尽⑤，中岁繁忧讶许多。十二年间两丧子⑥，人间空

有泪如波。正月五日同儿生，腊月廿二即长行。出胎三百卅余日，痴心日日望儿成。文章愿同汝母好，头角不类诸兄痴。今年冬令大不利，祭友文仍哭子诗[7]。隔世容颜惟有梦，传家学业复何言。买山新得大南谷，卜葬无妨改旧村[8]。'"

①钝宦注："图置棺中，殓于本日申刻。诗成于后二日，故不及书于图。"

②钝宦注："先是自三儿载钦痘殇后，儿女皆倩老潘种花。今春潘翁没，其第四子于九月间强与种痘，不出。妄云，此子无痘。至腊月初间病，伊又用灶底抽薪法，与克削和解药，盖恐见苗也。至月半病亟，始更俄罗斯泰医名婆尔斐里者，治之以截风油，浴之以芳草，故又迁延七日乃死。"

③八苦：佛家语，谓生老病死等。

④法王：佛教称谓。原为佛陀称号之一。元、明两朝用以对喇嘛教首领的封号。

⑤钝宦注："今岁丧一大学士、六尚书。"

⑥钝宦注："钦儿殇于壬午腊月十七。"

⑦钝宦注："王伯申先生殁于十一月二十四有祭文一篇，见文集。"

⑧钝宦注："载钦随予殇弟奕缤葬于东坝。"

乙 未 元 旦

声声爆竹散林鸦，烟火春城千万家。
碧瓦才临新日色，宫灯未剪去年花。
死生转觉人情切，进退须防道路差。
节物[1]惊心同逝水，等闲谁敢负韶华。

钝宦曰："太清是年三十七岁。"又曰："太素以是年罢职。太素以乙酉秋授散秩大臣[2]。丙戌，管理宗学。寅庚秋，管理御书处及武英殿修书处，是年冬授正白旗汉军都统，至是罢。又三年逝。其历仕之可考者如此。"

①节物：应时节的景物。

②钝宦注："时荣恪郡王薨已十年。"

填 仓 二 首①

一

白酒初开腊瓮香，皇都景物重填仓。

丰年饼大儿童喜，春社鸡肥父老尝。

富贵更须知稼穑，古今原不异风光。

待看好雨催耕早，挑菜城南新草长。

二

传闻此日赛仓神，花户家家斗艳春。

浊富②已忘充下役，痴肥那计耗官囷③。

踏青狼藉河边草，拾翠飘零陌上尘。

风俗总因骄懒惯，闺中更有忌针人。

①自注："京师是日虽闾阎小巷，亦多肉食，乡间尤重。更闻内外仓花户
赛神会尤盛。"

②浊富：不义之富。

③囷：圆形谷仓。

二月四日东馆见蝶

东馆春融二月天，娟娟蝶翅已轻翻。

此时庾岭花深处，破茧风来第几番。

二十二日由白云观过天宁寺①

遂过天宁寺，花香染客裾。

藓碑迷故事，风障护春蔬。

野草浓于绣，遥山淡若虚。

方今正望雨，宿麦及时锄。

①自注："寺僧善养唐花。"

二十三日雪大作，次前韵

一夜东风紧，飞璚曳素裾①。
冰花沾绣箔②，香土润园蔬。
火气融金鼎，寒光动玉虚。
芳郊应更好，随处老农锄。

①飞璚：璚同"琼"。指飞雪。
②绣箔：华丽、精美的竹帘。

二十四日雪晴，再次前韵

回风吹积雪，细细点襟裾。
晓日明檐溜，荆篮卖野蔬。
十分春可望，一饱乐非虚。
布谷尤多事，殷勤劝早锄。

春日忆南谷

去年三月游南谷，满涧夭桃散绮霞①。
今日山中春几许，料应开到野棠花。
微阴小阁凝青霭，细溜仙源漱白沙。
拟欲藏书南北洞，洞庭禹穴不须夸②。

①绮霞：美丽的彩云。
②自注："夫子曾有诗云，'拟将平生著，藏此为副墨。'即指南谷南洞言也"。

送二女孟文郡君，往察罕尔避暑

人生到处行其素，坝上天寒善养身。
南向征鸿脱有便，早将归信慰严亲。

钝宧曰：“孟文适超勇亲王车登巴咱尔。”

五 律 二 首

法源寺①看海棠，遇阮许云姜、许石珊枝、钱李纽兰，即次壁刻钱百福老人诗韵二首赠之。

一

箨石②文章在，风流天下传。
即看诗句好，想见老人颠。
绕座飞花雨，成阴荡碧烟。
禅房春昼静，香接逆风前。

二

春老花盈树，丰神借客传。
绿阴随日转，红片任风颠。
邂逅江南秀，檀栾③法界烟。
题诗寄同好，问讯绮窗前。

钝宧曰：“阮许云姜者，芸台相国家人。许石珊枝者，滇生尚书家人。钱李纽兰者，衍石给谏家人。知者太清有正月初七送云姜归扬州。七月初五送珊枝归武林。语见送纽兰往大梁《金缕曲》词注。盖给谏晚年主讲大梁书院也。”

①法源寺：在北京宣武门外。传说唐太宗征辽失利后，为悼念阵亡将士，于贞观十九年（645）建，名“悯忠寺”。清雍正时改为法源寺。
②箨石：清钱载号，乾隆进士，官至礼部左侍郎。工书，善水墨画，有《箨石斋诗文集》。
③檀栾：美好貌，形容竹。

顾太清诗词

向云姜乞姜梅，戏成一律

江南四月梅初熟，细雨薰风恰好时。
上品定然依古法，佳名真可入新诗。
糁将老桂黄金粟，笔以鲜姜碧玉枝。
为问瓮中余几许，数枚乞我醒诗脾。

暮春雨中即事

丝丝细细竟朝昏，雨里花枝无力翻。
向晚东风寒气作，对床灯火早关门。

叠前韵题画《海棠扇》，
答云姜三首

一

日暮来青鸟，惊人丽句传。
乾坤春气足，风雨此花颠。
梵宇①逢仙侣，香云发妙烟。
容颜如可画，纨素寄君前。

二

欢喜堂边树，花光几代传。
破禅休作恼，得意尚能颠。
疏点愁飞雨，丰枝欲化烟。
日斜风亦起，相赏片时前。

三

片时须爱惜，高兴足流传。

白发知谁健，黄金不买颠。

丹青摘枝叶，璠玖②抵云烟。

何幸城南寺，相逢十日前。

①梵宇：佛寺。

②璠玖：玉名。用以比喻诗文。

复用前韵题《听松楼遗稿》①

一

能文复见钱陈氏，族姓宜其百世昌。

山色湖光浩无主，绣余收拾入诗囊。

二

大家②羞作女郎诗，经术庸言不炫奇。

老手南楼真有后，百年古画与重披。

三

上下百年风雅稀，近从嘉庆溯康熙。

名媛谁似钱家盛，好古吾生憾略迟。

四

大雅元音千载同，琳琅重见古人风。

寒涛万壑今犹昔，化鹤③归来天地中。

钝宧曰："听松楼遗稿是衎石给谏妻陈尔士作，见给谏所撰妻陈恭人述略。纫兰即子万妻也，子万名宝惠。"

①自注："钱子万秀才嫡母。"

②大家：女子尊称。汉班昭时称曹大姑。

③化鹤："搜神后记"载辽东人丁令威学道，后化鹤归来，落于成门华表之上。又作诗曰："有鸟有鸟丁令威，去家千年今始归。城郭如故人民非，何不学仙冢累累。"后用化鹤谓成仙，又指代逝世。

四月二十二日，云姜招同珊枝、素安、纫兰过崇效寺看牡丹，遇陆琇卿、汪佩之。是日，云姜以折扇嘱写，归来画折枝梅并题

此行不为牡丹来，况值颠风①日日催。
花里有缘逢国色，院边随意生苍苔。
玉山小篆题长句，古木新芽发老槐。
感我云姜何以报，墨梅投我报红梅②。

钝宧曰："素安，陈氏。太清有为陈素安姊画梅小幅一词。陆绣卿名韵梅，吴潘星斋侍郎（曾莹）妻。汪佩之名纫兰，潘绂庭光禄（曾绶）妻。陆汪并能诗，见《恽珠国朝闺秀正始集》。"

①颠风：狂风。

②自注："云姜赠墨梅团扇，有词，见《东海渔歌集》。是日，纫兰赠有自书小篆，题识玉山女子。"

春日游法源寺，前后和钱侍郎诗五首，乃云姜遂和诗至六首，纫兰和诗至七首，并又篆书七言长歌送来。余不获已，复次前韵三章答之

一

娓娓佳章至，煌煌秦篆传。
服君在毫末，进步向竿颠。
词泻桃花浪，才翻玉树烟。
何期闺阁辈，杰出欲空前。

二

熟读古文字，名姝秀水传。
书成吴氏①韵，才法米家②颠。
金薤③垂仙露，玉堂④森宝烟。
清风洒幽谷，萧艾⑤别当前。

三

今人多卤莽，无实望名传。
偶尔传流俗，轰然遂倒颠。
吾侪视若赘，坊刻⑥灭如烟。
二子真知我，相期雅颂前。

①吴氏：唐吴道子。兼工书画，世称画圣。
②米家：宋米芾。妙于翰墨、书法著称。
③金薤："金"，金错书，南唐李后主书法体例；"薤"，倒薤书，殷务光书法体例。后世合称书法体例优美者。
④玉堂：此指讲堂。
⑤萧艾：取芳香洁白义，颂扬之辞。
⑥坊刻：印书肆坊刻本。

重题《昙影梦痕图》

幻影浮泡无处寻，风花弹指去来今。
人间甲子牢牢记，海上波涛浩浩深。
入谱即非虚玉镜①，除灾悔不下金针。
伤心一片桃花影，依旧春风到武林。

钝宦曰："太清曾填乳燕飞词题是图，故曰重题也。"又曰："孙静兰为云姜女甥，又许字云姜之子恩光。恩光为芸台相国第五（福）之子。云姜盖许周生驾部之女，芸台相国之子妇。"又曰："云姜名延锦，见相国为驾部所撰家传。"又曰："梁楚生恭人（德绳）《古春轩诗集》，有哭外孙女静兰诗，又有答太清福晋惠诗七律一首。"又曰："太清为许滇生尚书母夫人之义女。仁和许氏与德清许氏联谱，故太清与两许皆往还。"

① 自注："孙静兰许字云姜之长子阮恩光，未嫁而夭，闻已载入阮氏家谱。"

鱼　竿

大鱼不上钩，小鱼不中食。
寄语钓鱼人，莫费闲心力。

和云姜韵。云姜来诗索钱野堂山水，余以壁间四幅尽解赠之。先以画倩题，不意今为鱼听轩有也

莫漫相思画里人，画中人与画中亲。
青山四幅乘风去，画不通神诗有神①。

① 自注："原唱为一夕睽违画里人，相思何日得相亲。怪来宜有堂中物，望尔通神竟不神。"

次日，云姜书来告我，四幅云山尽为纫兰移去，奈何云云，余复以野云紫薇水月一轴相赠。遂倒押前韵成诗五首

一

词源浩浩一何神，天与遭逢我辈亲。
今岁端阳不辜负，清池明月紫薇人。

二

钱家书画总如神，那及兰仙日日亲①。
移去一枝天上种，紫薇花对玉堂人。

三

玉堂人是玉精神，消遣芸窗笔墨亲。
皓月迟迟相照处，满池花影伴幽人。

四

天孙终日伴花神②，花与云山一例亲。
剩我虚堂唯面壁，紫薇莫更赠他人。

五

负去五山力果神③，书来告我见交亲。
箧中尚有钱家画，留赠乔年富贵人④。

①自注："纫兰与云姜邻居，故戏比之。"
②自注："天孙谓云姜。花神谓纫兰。"
③自注："前曾以野堂山水一幅赠纫兰，故云。"
④自注："家中尚余野堂乔松，牡丹二轴，拟待云姜四旬为寿。"

题南谷清风阁次夫子韵

一

才喜甘霖又喜晴，黑云翻墨霎时成。
晚风吹雨东南去，雌霓如环见化城①。

二

电光一掣即闻雷，千丈银涛挟雨来。
叠叠群山生润气，鳞鳞高屋长新苔。

三

迤因高岭起高楼，东北遥山入望收②。
后二十年家事少，相随此地共遨游。

四

四面窗来四面凉，红梨一树正朝阳。
白云深处清风阁，总使忙人亦不忙。

五

海日初临大树尖，京西胜境此新添。
倩谁妙笔图南谷，高阁分明细草纤。

①雌霓：即霓。双虹中色彩浅淡的虹，亦名副虹。语出沈约《郊居赋》："驾雌霓之连卷，泛天江之悠永。"语出化城佛家语，谓小乘涅槃。
②自注："闻夫子言，雨后阁上可望数百里。"

题手蓉甥女《白莲花团扇》①

灵苗生长相公家，叠雪裁冰印晓霞。
翠扇临风香过处，一枝清净女儿花。
钝宦曰："相国有女孙（恩溁）能诗，著有《慈晖阁诗钞》，为刘氏所自出。手蓉当是云姜女，故太清称以甥也。"

①自注："手蓉为芸台相国女孙。"

既选宋词三卷，遂以词中七言句
集为三十八绝句

一

韶华不为少年留，（秦　观）　卷地风前更掉头。（陈师道）

人在琼云方响乐，（吴文英）　功名一笑付糟邱①。（黄　昰）

二

楼上晴天碧四垂，（李清照）　一波才动万波随。（黄庭坚）
道人妙手亲拈取，（吕滨老）　漫有才情付与谁。（黄庭坚）

三

素弦一一起秋风，（吴文英）　银字笙簧小小童。（毛　滂）
我是行人君是客，（石孝友）　云烟过眼总成空。（黄　昰）

四

老来易失少年欢，（黄庭坚）　付与旁人冷眼看。（黄庭坚）
一棹碧涛春水路，（晏几道）　满湖山色入阑干。（吴文英）

五

春与猿吟秋鹤飞，（辛弃疾）　向来人物几兴衰。（张元幹）
浮云富贵何须羡，（石孝友）　结习空时不点衣。（吴文英）

六

醉扶怪石看飞泉，（辛弃疾）　人事如潮多往还。（黄　机）
一曲游仙闻玉磬，（吴文英）　楼台春锁碧云湾。（吴文英）

七

听我尊前醉后歌，（辛弃疾）　黄花压帽醉嵯峨。（周紫芝）
人间风月如尘土，（周邦彦）　尊酒年年乐事多。（周紫芝）

八

阶前春草乱抽芽，（赵长卿）　更比秋花冷淡些。（吴文英）

忆我当年醉时句，（黄庭坚）　半壶秋水荐黄花。（吴文英）

九

唤君同赏小窗明，（陆　游）　初听黄鹂第一声。（叶梦得）

邂逅故人同一笑，（蔡　伸）　秋风江口酒初醒。（石孝友）

十

枣花金钏约柔荑②，（秦　观）　准拟阶前摘荔枝。（黄庭坚）

满地绿阴人不到，（叶梦得）　小蟾斜影转东篱。（吴文英）

十　一

关南桃树几番红，（史达祖）　杨柳初摇短短风。（张孝祥）

侧帽胭脂坡下过，（陆　游）　一尊何处与谁同。（石孝友）

十　二

月细风尖犹未归，（程　垓）　乍凉秋气满屏帏。（周紫芝）

月华深院人初定，（吴文英）　细雨三更花又飞。（吴文英）

十　三

眼波时带睡朦胧，（周紫芝）　日日清楼醉梦中。（张孝友）

任是行人无定处，（秦　观）　依然流水小桥东。（黄　昇）

十　四

青青杨柳水边桥，　（石孝友）　摇断吟鞭碧玉梢。　（辛弃疾）
羽调六么③弹遍了，　（吴文英）　银灯一曲太娇娆。　（晏几道）

十　五

半蓑烟雨旧衣冠，　（周紫芝）　黄菊枝头生晓寒。　（黄庭坚）
雾阁云窗归去也，　（吴文英）　一声玉磬下仙坛。　（吴文英）

十　六

东湖春水碧连天，　（辛弃疾）　水上鸣榔不系船。　（周紫芝）
忙日苦多闲日少，　（陆　游）　一场春梦杳难圆。　（卫芳华）

十　七

东风吹落一庭花，　（康与之）　冷艳疏疏瘦影斜。　（石孝友）
十二阑干慵遍倚，　（张元干）　莫教鹈鴂④送韶华。　（晁补之）

十　八

略为清歌住白云，　（黄庭坚）　安知老柏与灵椿⑤。　（刘克庄）
但将痛饮酬风月，　（辛弃疾）　个个教成百岁人。　（黄庭坚）

十　九

淡烟流水画屏幽，　（秦　观）　家在东湖湖上头。　（石孝友）
帘外残红春已透，　（李　玉）　小楼终日望归舟。　（张元幹）

二　十

整顿征衫欲跨鞍，　（洪　适）　旧游重到忍重看。　（蔡　伸）

醉乡路上多芳草，（黄庭坚）　李下何妨一整冠。（黄庭坚）

二十一

待到黄昏月上时，（程　坰）　今年歇尽去年枝。（黄庭坚）
岩花滴露花头小，（周紫芝）　未必秋香一夜衰。（黄庭坚）

二十二

宝帘闲挂小银钩，（秦　观）　人在溪边正倚楼。（蔡　伸）
寒食清明都过却，（张元幹）　落花流水一春休。（赵长卿）

二十三

钗燕栊云睡起时，（吴文英）　东风弹泪有谁知。（冯廷己）
箫声淡月梨花院，（周　密）　传语西风且慢吹。（黄庭坚）

二十四

画饼功名莫浪求，（石孝友）　落花飞絮两悠悠。（沈端节）
俗人不用嗔贫道，（黄庭坚）　万顷云涛一叶舟。（蔡　伸）

二十五

多情山鸟不须啼，（辛弃疾）　上有青枫下有溪。（辛弃疾）
水本无情山又远，（张元幹）　劝君莫上最高梯。（李清照）

二十六

王孙眉宇凤凰鸰，（晁补之）　萍水相逢无定居。（石孝友）
借问行人家住处，（辛弃疾）　溪南修竹有茅庐。（辛弃疾）

二十七

樽前谁为唱阳关，　　（王　诜）　占断长江相对闲。　　（黄　机）
绿遍芳洲生杜若⑥，　　（张元幹）　春愁离恨重于山。　　（石孝友）

二十八

归来魂梦带幽香，　　（吕滨老）　几树鸣蝉饯夕阳。　　（张　炎）
渡水穿云心已许，　　（黄庭坚）　旁人拍手笑疏狂。　　（刘克庄）

二十九

今年寒食又花开，　　（沈端节）　幸有江边旧钓台。　　（刘克庄）
北斗秋横云髻影，　　（吴文英）　不知何处御风来。　　（张孝祥）

三　十

兰皋⑦空涨绿溶溶，　　（黄　昇）　人在珠帘第几重。　　（张孝祥）
见说苏堤晴未稳，　　（张　炎）　诗情频在雨声中。　　（史达祖）

三十一

醉花春梦半香残，　　（吴文英）　烛影摇红夜向阑。　　（王　诜）
风拍小帘镫晕舞，　　（吴文英）　忍教三叠唱阳关⑧。　　（洪　适）

三十二

酣酣日脚紫烟浮，　　（范成大）　青锁窗深菊未收。　　（程　垓）
留取光阴重一笑，　　（周紫芝）　东君⑨都不管闲愁。　　（沈端节）

三十三

三分春色二分愁，　　（叶清臣）　漠漠清寒上小楼。　　（秦　观）

燕尾宝刀窗下梦，（史达祖）　如何容易买归舟。　（黄　机）

杨花芳草遍天涯，（史达祖）　书日无风也带斜。　（蒋　捷）
寄语红桥桥下水，（陆　游）　别时相见有荷花。　（蔡　伸）

三十五

春花秋叶几飘零，（石孝友）　不见居人只见城。　（苏　轼）
一望乡关何处是，（阙　名）　剩云残日弄阴晴。　（辛弃疾）

三十六

愁云恨雨两萦牵，（柳　永）　聚散匆匆不偶然。　（辛弃疾）
梅径已经香雪冻，（石孝友）　素娥青女斗婵娟⑩。　（周邦彦）

三十七

碧云天共楚宫腰⑪，（晏几道）　花不知名分外娇。　（辛弃疾）
灯火钱塘三五夜，（苏　轼）　当时相候赤栏桥。　（周邦彦）

三十八

个中风味更难忘，（张元干）　雨过芙蕖⑫叶叶凉。　（黄　昇）
三十六陂⑬人未到，（姜　夔）　谁将消息问刘郎。　（康与之）

①糟邱：邱古亦作"丘"。
②柔荑：荑：茅草的嫩芽。形容女子的手柔软细嫩。
③六么：唐时琵琶曲名。
④鹈鴂：鸟名，即子规、杜鹃。
⑤灵椿：古代传说中以八千岁为秋的神树。后称父为椿，此有祝颂长寿
之意。

⑥杜若：香草。

⑦兰皋：有兰草的岸。语出屈原《离骚》"步余马于兰皋兮,驰椒丘且焉止息。"

⑧三叠：古歌曲反复咏唱，称三叠。阳关：此指曲调名。

⑨东君：司春的神名。

⑩素娥：古代传说中嫦娥的别称，亦泛指月宫的仙女。青女：神话传说中的霜雪之神。婵娟：姿态美好。

⑪楚宫腰：语出《韩非子·二柄》"楚灵王好细腰,而国中多饿人。"后称女子细腰为"楚腰"。杜牧《遣怀》诗："楚腰纤细掌中轻。"

⑫芙蕖：荷花。

⑬三十六陂：地名。在今江苏扬州市。

中秋寄仲兄

茫茫四海少朋俦，应似东坡念子由。
今岁秋来寒特早，西风和泪寄羊裘。

答古春轩老人

闰岁寒深九月初，天风吹到老人书。
清霜西岭添红叶，秋水长江足鲤鱼。
白发高堂应健饭①，虚名后学敢承誉。
凭栏目断云千里，欲倩征鸿问起居。

钝宦曰："古春轩老人者，许周生驾部之妻，钱塘梁楚生恭人也。楚生所著有《古春轩诗钞》，其女云林、云姜皆与太清善。"

①自注："上声。"

题《春山霁雪石画》

碧山如画自天成，陡涧春融雪后冰。
昨夜东风吹梦醒，晓霞烘染一层层。

题《江光山色石画》

江上双峰拥髻螺，山云如练压沧波。
案头饱看江山景，石画分来相府多。

钝宦曰："石画当是阮芸台相国家物，故诗中有相府云云。石出云南大理府，相国曾开府滇黔也。"

读芸台相国《研经室诗录》

深闺得诵令公诗，想见乾隆全盛时。
为楫为霖真宰相，乃文乃武大宗师①。

①大宗师：科举时代称学政为宗师，也称大宗师。

次 云 姜 韵

一

新诗吹下郁罗天，佐以羞珍侑①我筵。
从此初儿增福寿②，阿姨彩笔寄瑶篇③。

二

殆交小雪寒初冽，把卷焚香昼掩门。
一夜西风吹不去，拥阶黄叶似山村。

三

种菊人家记姓王，绕庐高树自成行。
老农更有来年约，三月花开看进香。

钝宦曰："太清盖三子，载钊行五，载初行八，载同行九。"

①侑：劝，陪侍。

②自注："是日八儿载初生日。"

③瑶篇：瑶，美玉，比喻美好，珍贵的书信。

十月盆梅作花，用竹叶庵夜赏盆梅诗韵

洞户深深绝点埃，老盆丛发去年梅。
玲珑素壁移花影，疏密丰苞积玉堆。
纸帐依稀尘梦远，画屏勾引好诗来。
围炉自煮冰壶①水，共饮清清茶一杯。

①冰壶：盛冰的玉壶。比喻心地洁白。

题王叔明《听松图》

山上飞泉接斗杓①，白云隔断路条条。
青山青到无青处，认取松声过短桥。

①斗杓：亦称斗柄。即北斗七星中玉衡、开阳、摇光三星。

题《华冠芭蕉》

华冠善画芭蕉影，小叶拳时大叶披。
清梦醒来风又雨，绿天凉到夜深时。

题翠华宫内使陈喜画《石榴》

午日金铺射翠华①，御炉香霭透宫纱。
宫人特染朱砂笔，献上石榴海外花。

①翠华：翠华，用翠羽饰于旗竿顶上的旗，为皇帝仪仗。诗文中多以翠华指皇帝。此似指皇宫。

同珊枝、纫兰集云姜东暖室作

昨日相邀宴小斋，窗明几净绝飞埃。
玻璃不碍斜阳透，移过琅玕①瘦影来。

①琅玕：珠树。语出《本草纲目·金石部》"在山为琅玕，在水为珊瑚。"
此处指竹。

题千叶红白桃花

一

一枝秾艳下层霄，海上仙人著紫绡①。
借问瑶池②多少路，三千六百赤栏桥。

二

仙源有路泛轻舫，两岸东风战碧桃。
看到夜深明月冷，落花春卷武陵涛。

①紫绡：紫色有花纹的薄丝绸。
②瑶池：古代传说中昆仑山上的仙池，西王母所居的地方。

借读石画诗三十二首同夫子作

一

深衣缓带古仪型，左倚祥云拥巨灵①。
绝壁擘窠书大字，分明南极老人星②。

二

夕阳西下乱飞鸦，岭上寒云一片遮。

况是黄昏风亦起，深林栖稳老枯权③。

三

濛濛细雨滋红杏，袅袅晴丝罥绿杨。
好是初三新月上，一痕清影代斜阳④。

四

渺渺秋江烟水宽，冥冥小艇泊江干。
风恬浪静清无限，远是斜阳近是山⑤。

五

春水迷天淡欲无，春山过雨绿模糊。
东风一夜吹花屿，即有新芽长嫩蒲⑥。

六

六出琼华碎玉旋，冻云低压好峰峦。
老梅涧底吹横笛，铁脚仙人踏乱山⑦。

七

天开万朵锦芙蓉，半岭残阳日脚红。
远近峰头蒸紫气，碧鸡金马插高空⑧。

八

冷冷玉露泫花⑨光，缥缈高寒月殿凉。
今夜嫦娥开碧户，黄金璎络散天香⑩。

九

昨夜溪桥乍见霜，山深雾冷近重阳。

开窗饱看前村树，一带长林落叶黄⑪。

十

山中怪石无心长，天上浮云任性飞。
石长云飞天不管，自然原不与天违⑫。

十　一

清风小漾碧涟漪，玉旆珊珊媚绿池。
天上片云催好句，万竿烟雨冠当时⑬。

十　二

天开画本要人看，金粟⑭生香玉露残。
岭上长风吹不尽，须知高处也禁寒⑮。

十　三

西风黄叶变青桑，十里秋林陨晓霜。
天气渐寒丝已尽，特将诗意恼吴娘⑯。

十　四

云净天清霁色开，剡溪雪浪似银堆。
貂裘老子推窗看，知是山阴道上来⑰。

十　五

千年灵气为谁开，特费开云种玉才。
更向云端翘首望，仙人并跨凤凰来⑱。

十　六

辉辉晓日射仙都，雨洗烟霏树影苏。

偶倚寺门看对面，凌空十丈绿浮图[19]。

十 七

好景最宜春雪后，浅红深碧总堪夸。
玉盘高涌团圆月，银海光摇富贵花[20]。

十 八

冲寒行过乱山中，马首西来背晓风。
残月未沈将曙色，云台峰顶日光红[21]。

十 九

云霞海上秋成早，禾黍原头反照明。
日暮渔樵人不见，遥山一抹紫烟横[22]。

二 十

江上青山无数重，松梢半是白云封。
云中应有仙人过，指点苍苍十九峰[23]。

二十一

东风又听鸟间关，斜日迟迟水一湾。
晴雪渡头吹柳絮，夕阳花外淡春山[24]。

二十二

长天一掣电光红，霹雳焦雷过岭东。
日脚昏昏知雨重，四山云起满楼风[25]。

二十三

华岳峰头瞰日轮，白云深护碧霞君[26]。

桑田沧海随时变，一笑人间竟不闻㉗。

二十四

秋日看山秋雪晴，雪晴天外片云轻。
悬崖留与仙人坐，白玉楼台隐碧城㉘。

二十五

匡庐峰顶挂飞泉，千古风流李谪仙。
读尽好书听尽瀑，水云声里寄闲眠㉙。

二十六

桃花开到十分色，春水才生四尺波。
春水桃花留不住，夕阳红处已无多㉚。

二十七

鸥波小幅远山低，落日沉沉山影齐。
淡染斜阳浓染树，斜阳又在远山西㉛。

二十八

水净岩阴留客处，风轻浪细放船时。
翠微移过西风影，千仞苍烟罨溪陂㉜。

二十九

江北江南春向融，梅花不减古时红。
丝丝杨柳初生叶，平战春波飐好风㉝。

三　十

碧障溶溶草木春，时晴漠漠晓烟昏。

长江万里添新水，一路春芜绿到门㉞。

三十一

晓窗开对碧嶕峣，爽气凌晨湿翠翘㉟。
应是昨宵新雨过，一痕眉绿为谁描㊱。

三十二

翳翳长松小小童，岩花涧草不知冬。
仙人采药无寻处，似隔寒云有路通㊲。

钝宦曰："三十二首皆为芸台相国作。"

①巨灵：神名，古代神话传说中指分开华山的河神。
②自注："点苍山画仙像。"
③自注："寒鸦图。"
④自注："初月残阳交换影，绿扬红杏共扶春。芸台先生句也。"
⑤自注："秋江渔隐。"
⑥自注："春湖花屿，即秋江渔隐之背也。"
⑦自注："雪人峰雪仙像。"
⑧自注："先生望金马峰句曰，'夕阳无此好峰峦'。望碧鸡山句曰，'况当落日余霞候，正是涂金刷翠时'。"
⑨泫花：水滴下垂貌。语出谢灵运《从斤竹涧越岭溪行》诗"花上露犹泫"。
⑩自注："岭桂泫花。"
⑪自注："仿元微之树木研屏。"
⑫自注："白云抱幽石。"
⑬自注："绿筱媚清涟，即白云幽石背面。"
⑭金粟：此指桂花的别名。
⑮自注："桂生高岭。"
⑯自注："秋桑图，先生有秋桑四首。见《文选楼诗存》。"吴娘，犹吴姬。语出沈括《梦溪笔谈》卷五"唐曲有《突厥盐》《阿鹊盐》。施肩吾诗云：'颠狂楚客歌成雪，妖媚吴娘笑是盐。盖当时语也。'"

⑰ 自注："剡溪雪浪。"

⑱ 自注："双仙画石图，次先生自题韵。"

⑲ 自注："绿浮屠图。"浮屠，梵语意为塔。

⑳ 自注："白牡丹图。"

㉑ 自注："云台清晓。"

㉒ 自注："紫烟。"

㉓ 自注："十九峰。"

㉔ 自注："夕阳花坞。"

㉕ 自注："暑山蒸雨。"

㉖ 碧霞君：道教神名。传说是东岳大帝的女儿，宋真宗时封为"天仙玉女碧霞君。"

㉗ 自注："岳顶俯云。"

㉘ 自注："点苍秋雪。"

㉙ 自注："翠峰霞影。"

㉚ 自注："夕阳花坞。"

㉛ 自注："夕山沈绿。"

㉜ 自注："峰阴凝紫。"渼陂，古湖名。在今陕西户县渼陂，受终南山之水，西北流入涝水。

㉝ 自注："江梅春渡。"

㉞ 自注："烟江叠嶂。"

㉟ 翠翘：妇女首饰。

㊱ 自注："窗纳遥青。"

㊲ 自注："云深采药。"

除夕剪唐花及松枝插瓶戏成一截句

半生苦乐忙中过，万里春风大转关。
笑剪唐花①相对语，一年诗债又偿还。

①唐花：在暖房里培育的花。

《天游阁集》卷三

丙 申 元 旦

去年诗债已偿还，又续今年笔墨缘。
花散黄金开棣萼①，香凝紫碧袭松烟。
文章依旧当精进，日月常新任变迁。
更喜高堂身尚健，斑衣②儿女拜庭前。

钝宧曰："太清是年三十八岁。"

①自注："瓶中供有棠棣。"
②斑衣：彩衣。相传老莱子著彩衣为儿戏以娱亲，后因以斑衣为奉养父母的典故。

生 日

三十八年日月催，年年此日不胜哀。
弟兄几处增惆怅，朋友多人数往来①。
新岁新诗重起草，相逢相贺共衔杯。
绣帘深护东风暖，绕座桃花无数开。

钝宧曰："是正月五日也。"

①自注："是日，珊枝、云姜、纫兰、素安，皆来贺。"

题南楼老人鱼篮观音像

稽首慈悲观世音①，一篮随手任升沉。
参差碧藻承仙鲤，潇洒风鬟澹素襟。
四相②本来无我相，深心普入众生心。
南楼已证菩提果③，补纺传家两字箴④。

①稽首：古时一种跪拜礼。观世音，佛教菩萨名。在中国寺院中的塑像常作女相。始于南北朝，盛于唐代以后。

②四相：即《金刚经》中所谓"我、人、众生、寿者"四相。

③菩提果：相传释迦牟尼曾在菩提下顿悟佛道，故以名树。

④自注："南楼老人有补纩小印。"

上元前一日，同夫子携载钊、载初两儿，叔文、以文两女，游白云观，过天宁寺看花作

出郭寻春何处寻，朝阳初上古松林。

风前嫩草刚吹绿，雪后残云半作阴。

清净道中参妙徹，步虚声里静尘心。

看花紫绶①归途缓，耳畔犹闻钟磬音。

钝宦曰："叔文名载通，行六，以文名。载道，行七。叔文适承恩公崇端。"

①紫绶：紫色丝带，作印组，或为服饰。

赋得三十六宫都是春，集唐诗，用清平三调为起句

云想衣裳花想容，丹炉犹用紫泥①封。

自然碧洞窥仙境，只有高唐十二峰。

一枝秾艳露凝香，十二楼中尽晓妆。

西望瑶池降王母，众仙同日咏霓裳。

名花倾国两相欢，莺啭皇州春色阑。

日暮汉宫传腊烛，碧城十二曲栏杆。

①紫泥：古人书信用泥封，泥上盖印。皇帝诏书则用紫泥。

诗成又题一绝句

沉香亭上谪仙人，醉墨挥来任性真。
一自清平题好句，花开三十六宫春。

二月十日雨，同夫子作

晓起开帘望，东南云势稠。
霎时苏地脉[1]，万点解民忧。
雨洗花枝润，烟霏柳带柔。
即看春意足，细麦秀皇州。

①地脉：地下水流犹脉络然。

花朝后一日作

半春愁不雨，风信[1]失芳菲。
冷雾欺花萼，浮云障日辉。
何曾因酒债，亦可典朝衣。
绿遍西山草，相将共采薇。

①风信：风应期而至谓风信。

春游。花朝后，同夫子携儿女宿潭柘。十二年前曾侍先夫人游。今日重来，山径犹然，人事殊昔。昔日从者，竟无一人，得不感哉。遂赋五言三章

一

十二年前路，重来景尚同。
人非当日伴，花著旧时红。
澹绿云中树，高寒岭上风。

深深潭柘寺，修竹隐离宫①。

二

碧巘接青霞，山阴日影斜。
虚亭绕流水，佛殿养灵蛇。
银杏将生叶，辛夷②已放花。
凭阑同一望，半为暮云遮。

三

晚借禅房宿，吟诗对酒缸。
松涛深入梦，山月冷侵窗。
夜静闻天语③，灯昏暗佛幢。
粥鱼催客起，尘虑澹能降。

钝宧曰："闻太清游西山，马上弹铁琵琶，手白如玉，琵琶黑如墨，见者谓是一幅王嫱出塞图也。"

①离宫：古代帝王于正式宫殿外别筑宫室，以便随时游冶，谓之离宫。
②辛夷：又名"木笔"。花名，有香气。
③自注："寺中南楼有圣祖御书，'经声夜静闻天语。'"

二十日游戒坛①，晚宿南谷

晓起出丛林，岚光深复深。
放怀同策马，悦耳杂鸣禽。
法座仍如昔，行宫久不临。
循碑瞻御翰，得见圣人心②。

①戒坛：佛教僧徒传戒之坛。梵语曼陀罗。
②自注："寺有高宗诗碑。"

二十一日清风阁晓望

两度来南谷，佳城碧树环。
鸟声惊梦醒，云彩共人闲。
高阁延朝日，晨妆对远山。
新烟出村落，花木认般般^①。

①般般：文彩貌。同"斑斑"。

二十四日，同夫子联骑渡慈溪，游万佛堂观孔水，得开元石刻一、吴郡卢襄诗碣一，遂以十金易于山僧载归，而大历碑已不复睹矣

风雨杏花稀，残英没马蹄。
裹粮探古迹，联辔渡慈溪。
阴洞投龙璧^①，高碑失旧题。
归途逐流水，荇藻碧萋萋^②。

钝宦曰："太素诗所谓'卢襄诗与开元碣，许我相携出翠微'也。"

①自注："碑记开元遣吕慎盈三投龙璧于此渊。"
②萋萋：草盛貌。

二十六日登东坡

昨日经过处^①，登高望杳茫。
梨花千树雪，春草满山香。
画栋新妆阁，荒台旧法堂^②。
欣欣幽谷里，百鸟奏笙簧。

①自注："昨日游车尔营，路曲村陌，无诗。"
②自注："毁天台寺，作清风阁。"

顾太清诗词

二十七日登清风阁后西北最高峰

步上最高峰，巉岩①小径通。
阴崖飞异鸟，绝壁走憨童②。
山豁东南阔，花光西北丰。
登临渺下界，目断四天空。

①巉岩：险峻的山岩。
②自注："童子段八能援峭壁，采山花。"

二十八日午发南谷，晚宿云冈

归骑宿云冈，东风到海棠。
老僧成坏塔，过客坐禅房。
官路闻鸣铎①，春衣怯嫩凉。
故人书屡至，相谑问梅装②。

①铎：古乐器，形如大铃。宣教政令时，用以警众者。
②自注："十日两得云姜书，中途又接纫兰书，因予廿一坠马，故书中有梅装之谑。"

二十九日两中晓发南冈

好雨及时耕，烟村画不成。
桃花何艳冶，杨柳太轻盈。
云起万山失，天开大水横。
东风晴未稳，一路听鸠鸣①。

①鸠鸣：鸠：鸟名。古谓鸠鸣唤雨。

游孔水，用吴郡卢襄石刻诗韵

溪去山楼凡七里，平坦不烦折屐齿①。
下有泉源上石堂，万佛妙相参差倚。
青苔亘古不见日，森森浓绿疑无始。
龙泉古壁何年失，虎尾春冰岂可履。
夕阴水鸟上渔梁②，倒映山容碧滩殄③。
人生行乐须及时，花外光阴去如矢。
开元残碑嵌绝壁，幸得卢襄刻诗纪。
出山一路又看山，二水合流成漫水④。
马耳东风拂面香，鸳鸯属玉⑤惊人起。
归途借问今何时，梨花桃花才结子。
渺渺春波万古闲，悠悠天地长如此。
偕隐何辞挽鹿车⑥，云水遨游胜朝市。

①屐齿：鞋子的一种。通常指木底的或有齿或无齿；也有草制或棉制的。《宋书·谢灵运传》："灵运常著木屐，上山则去前齿，下山则去后齿。"
②渔梁：水边障水堰石，中空，鱼可从中通过。
③殄：坠落，破败。
④自注："水名。"
⑤属玉：水鸟名。
⑥鹿车：只驾一鹿小车。

三月晦日，同夫子游黑龙潭
至大觉寺，路经画眉山

城西百里多名胜，知乐无过山水间①。
指点黑龙潭对面，一痕蛾绿②画眉山。

①知乐无过山水间：语取《论语·雍也》"智者乐水，仁者乐山"义。
②蛾绿：此指青翠的山色。

夜行翠微山麓遂宿龙泉庵

篮舆①一径入云深，两两明灯过树林。
吹面不嫌山气冷，满天星斗压春岑。

①篮舆：即竹轿。

次日游秘魔岩

探幽晓入秘魔岩，涧草岩花万木攒。
石磴迢迢接霄汉，法云霭霭护经函。

归路过灵光寺看古藤老桧

灵光山寺镇南坡，千载灵光秘不磨。
满院苍烟浓蔽日，长藤老桧互交柯①。

①交柯：柯：树枝。枝叶交错。

画眉石次夫子韵

春波黯黯春山碧，千古风流一片石。
车马闲游送暮春，清和首夏逢初一。
明昌盛时四海通，太平交聘徕蛮戎。
可怜山色青如许，犹似双弯对镜中①。

①自注："金明昌时，宫中多取用之。"

四月三日白云观看道场①作

招飙霓旌幡影长，苍松深护古坛场。
全真大道传中极②，太素③轻烟发上方。
宇宙不关闲甲子，水云聊可混行藏④。
冥冥丹灶初开火，紫气朝元守一阳。

①道场：谓佛教设坛奉佛诵经之举。

②全真大道：亦称"全真教""全真派"，与正一道同为道教两大教派。
金世宗大定七年（1167），王重阳在山东宁海（今牟平）全真庵讲道时所创立。
中极：谓中天最高处。

③太素：语出《列子·天瑞》"太初者，气之始也，太始者，形之始也，
太素者，质之始也。"在此有秉天生元气义。

④行藏：语出《论语·述而》"用之则行，舍之则藏"。

岁丙戌，夫子游房山，得山水小轴，甲午同题。丙申夏，偶检图书，又互次前韵，各成二首

一

世间岁月去堂堂，红日西驰影下廊。
潇洒云山高士乐，太平章句道人狂。
披图共话十年事，好景终归一卷藏。
近水遥峰看不尽，蓬莱应在海东方。

二

水摇素练浮清泚①，山送岚光索好诗。
遁世②与人无不可，放怀随处总相宜。
妙音入耳飞云瀑，翠壁当门老桧枝。
更有青童③侍左右，玉笙吹到夜凉时。

①泚：鲜明貌。

②遁世：避世。

③青童：指仙童。亦指寺观的道童。

续读石画诗十八首，同夫子作

一

春山如笑原非笑，绝似红颜欲笑时。
澹冶烟光动游兴，不凉不热最相宜①。

二

犹记岩江两度游，一逢三月一深秋。
画中夏景今方见，万壑千岩翠欲流②。

三

嫩凉天气变轻寒，雨霁群峰翠黛宽。
总说如妆犹未似，好山原不为人看③。

四

两岸青山人稳睡，一江寒水雪初消。
画师好手真难得，咫尺图成万里遥④。

五

一棹春波去路深，夕阳又下碧山岑。
重来纵有渔郎问，满涧桃花无处寻⑤。

六

灿烂云霞蒸海气，迷漫梅柳迓春端。
渡江此景尤宜曙，鸟语人声一倍欢⑥。

七

云轻日静天如洗，一瓣心香⑦古佛龛。
栀子花开清梦醒，绿蕉低护水晶帘⑧。

八

潮生潮落洗沙痕，野水初消老树根。
满载清风好归去，酒帘遥指夕阳村⑨。

九

雪后园林花更肥，雪晴云澹月光微。
美人深夜来何处，花有清香月有辉⑩。

十

濛濛烟树指东吴，楚客西来帆影孤。
寒雨一江人半醉，篷窗卧听枕冰壶⑪。

十一

平生留意好峰峦，愿得将身住此间。
看到黄昏云乍起，冷烟残照暗秋山⑫。

十 二

漫漫春水涨波痕，两岸余霞水气吞。
应有渔人深树里，小舟双桨出桃源⑬。

十 三

千年流水韵淙淙，万朵芙蓉簇锦江。

一自高唐人去后，至今犹见彩云降⑭。

十　四

风紧云阴胡不归，远村尚有几斜晖，
晚来莫恋秋光好，请看柴门倦鸟飞⑮。

十　五

晚山相对碧沉沉，云起轻烟渐作阴。
骤雨飘风不终日，白衣苍狗本无心⑯。

十　六

碧城林麓云中树，金雀觚棱⑰江上山。
瘦不能增肥不减，特将妆饰傲烟鬟⑱。

十　七

疏雨含烟合翠流，远山如画黛眉修。
何时得遂云霞志，独立高峰最上头⑲。

十　八

冷云飞过一层层，雨洗群山结绿冰。
总说石头滑不稳，山无尽处有人登⑳。

①自注："春山澹冶如笑。"
②自注："夏山苍翠欲滴。"
③自注："秋山明净如妆。"
④自注："冬山惨淡如睡。"
⑤自注："桃花源图。"

⑥自注："云霞出海曙，梅柳渡江春。即安石东山之背也。"

⑦心香：佛家语。谓心中虔诚，自能感通佛道，同焚香一样。

⑧自注："蕉林天影。"

⑨自注："秋溪归棹，用苏诗韵。"

⑩自注："梅影用相公韵。"

⑪自注："寒雨连江，用原诗韵。"

⑫自注："秋山暮霭。"

⑬自注："桃源图。"

⑭自注："彩云锦浪。"

⑮自注："鸟倦飞而知还。"

⑯自注："云无心以出岫。"白衣苍狗：比喻世事变幻无常。

⑰金雀：古代神话，太阳中有三足乌，因用为太阳的别称。舴棱：殿堂屋角的瓦脊成方角棱瓣之形。故名。

⑱自注："金碧没骨山。"

⑲自注："翠峰疏雨。"

⑳自注："层山烟雨。"

自题梅花便面①

风帷小影抱寒梅，忽讶低枝近水开。
不许飞花惊鹤梦②，月明人逐暗香来。

①便面：扇之一种，取用以嶂面自便之意，亦称"屏面"。
②鹤梦：吉祥的梦。

四月十三日，听坤鹤老人说天仙戒。是日，雷雨大作，旌旆沾湿，口占一绝句纪之

太乙①真人坐玉台，云璈②声动众仙排。
电光一掣挟飞雨，应是神龙听法来。

①太乙：指尊贵的天神。

②云璈：古代一种乐器。

夏日城东泛舟归来有作

卅年不到城东去，云水空濛①接远天。
野岸新蝈鸣偶尔，山门枯木尚依然。
已非昔日僧迎客，犹记当初柳系船。
一路熏风吹酒醒，重城西望隔苍烟。

①空濛：混蒙迷茫之状，多形容烟岚、雨雾。

夏至，同夫子登天游阁

至日登楼有所思，连年亢旱奈何斯。
满天赤日蝈声急，五段红栏燕影迟。
西岭浮尘难作雨，东邻老树半枯枝。
总然殿阁无炎热，更愿滂沱早及时。

苦旱，用王摩诘苦热韵

连年苦雨少，祈雨遍山岳。
麦苗不及尺，井泉半干涸。
久旱望云生，云生亦轻薄。
何况多病身，所思惟浣濯。
仰看飞鸟稀，黄尘塞寥廓。
苦热欲饮冰，奈兹河水浊。
为善可回天，人心苦难觉。
儿女不知愁，尚作驰趋乐。

五月二十三夜作

卧听车声似远雷，风枝仿佛雨相催。
欣然自起推窗看，依旧明星照夜来。

六月十三日，游善果寺　同夫子作

一

毗庐高阁隐青霞，老桧千寻特屈拿。
绕座饭香僧过午，一声钟定客留茶。
灵风乍满胡桃叶，妙色将开红藕花。
行尽回廊看圣迹，如来法界本无涯。

二

寂寂禅房净，初来得胜游。
妙莲华色好，多宝塔光幽。
今古原无住，身心任去留。
鸣蝉当雨后，凉意报先秋。

栽　竹

买将修竹对窗栽，一径浓阴护鲜苔。
其奈到秋仍缺雨，可怜终夜但闻雷。
嫩梢刺眼摇青旆，腻粉沾衣脱紫茭①。
更望凌云千万尺，九苞能引凤凰来。

①茭：草根。

六月二十七夜坐口占

小坐闲阶下，啾啾宿鸟惊。

草根凝暗露，竹影澹孤檠①。

半夜人声静，双星河鼓②横。

携灯寻夜色，凉在豆花棚。

①孤檠：檠，灯架。此指孤灯。
②双星河鼓：双星即牵牛与织女二星。河鼓，即天鼓星。

中元，次夫子韵

秋原闻说饱秋霖，即见青蒿知雨深。

桂子荷花多似旧，西风凉月又如今。

然灯偶逐儿童戏，玩世颇工长短①吟。

好景莫辞清夜饮，绕阶虫语任浮沉。

①长短：即长短句，词曲之异名。

中秋后一日，同夫子往南谷，宿清风阁

西风原上草离离，百里高空一望之。

满涧黄花开琐碎，半秋清露润丰姿。

碧山待我有今日，好景娱人须及时。

梦醒西窗残月影，枕边移过老松枝。

十七日，雨中游云居寺①，
房山县早饭

萧萧疏雨趁行程，山草山花夹道生。

小县寒烟成密幂，野云高岭不分明。

石头路接西来路，流水声参念佛声。

松下清斋②留信宿，夜深虫语近灯檠。

①云居寺：在北京房山西石经山。

②清斋：清心素食。佛教以辰时饮水一坏，终日不食，称为清斋。

十八日午晴，寻西城水源，是夜又雨

行尽山村问水源，源头齿齿乱流喧。
盘陀①坐久浑忘去，忽见西南山又昏。

①盘陀：石不平貌。范成大诗："倦拂盘陀苍石坐。"

十九日晓晴，回南谷车中作

日出新晴秋草香，阴崖寒露渐为霜。
几家茅屋沿山住，一阵西风刮面凉。
细水流沙清滟潋，野花村妇澹梳妆。
多情最是溪边柳，送客依依过短岗。

二十日访背阴洞题壁

山穷忽有路，骑马入天台。
仙犬迎人吠，幽花背日开。
风吹双翠袖，雾冷古苍苔。
不见元都①客，留题拟再来②。

①元都：玄都，神仙之都。此用"元"，此或是避圣祖爱新觉罗·玄烨讳。
②自注："是日道士他出。"

二十一日寻视田园疆界晚归

秋蔬晚饭又登临，高下田园策马寻。
柿叶半红梨叶赤，远山夕照近山阴。
待交寒露风吹帽，未到重阳菊可簪。
翘首暮云飞画栋，一楼灯火隐深林。

二十二日回京，早饭云冈村

三度云岗信有缘，山僧蔬笋意欣然。
海棠不似春来日，憔悴西风最可怜。

题自画菊花寄古春轩老人

梦绕吴山路，凄凄秋夜长。
西风初过雁，黄菊又经霜。
画意传千里，诗怀各一方。
远书频寄我，襟袖有余香。

次夫子对菊韵

霜重高楼晓更寒，起来残月隔窗看。
人生百岁寻常过，诗到中年渐可观。
老笔随心殊艳冶，时妆刺眼费铅丹①。
欲将花样图于壁，梦逐西风绕翠峦。

①铅丹：即脂粉。

闻云姜定于明春九日南旋赋此

两载交情千古深，闻君欲去怅分襟。
虽当正月风光好，尚恐长途冰雪侵。
从此相思劳远梦，频将书信慰予心。
来年愿订归期早，肠断阳关一曲琴。

钝宧曰："时芸台相国予告归扬州也。"

至 日

一年节候又冬至，无雪多风过半冬。
青琐窗深残菊在，红珠帐暖晓妆慵。
近来儿女为身累，老去精神似病容。
世事茫茫催腊尽，不烦葭管①应黄钟②。

①葭管：即芦管。
②黄钟：古乐十二律之一。声调洪大响亮。《礼·月令》注："黄钟者，律之始也。九寸，仲冬气至则黄钟之律应。"

腊月十三日，雪中天宁寺看唐花，且邀后日诸姊妹同赏

零冰飞素下瑶台，搓粉西山似玉培。
好景不辞今日饮，唐花能见几回开。
碧桃小盎参秋菊，修竹深丛间老梅。
遥忆城南诸姊妹，相邀雪后一同来。

十五日雪后，同珊枝、素安、云林、云姜、纫兰、佩吉，天宁寺看西山积雪，即席次云林韵

西山积雪为谁妍，洞里花光春浩然。
又被夕阳催客去，微风扬雪送归鞭。

钝宧曰："云林即云姜之姊。陈左海撰周生许君墓志铭云：长女适原任监察御史孙（球）公予（承勋）即云林也。"又曰："太清题《昙影梦痕图》诗，为孙静兰作。静兰为云姜之甥，即云林之女也。"又曰"会稽潘素心撰梁楚生恭人《古春轩诗》序云：'恭人有女公子二，一适孙上舍（承勋），一适阮部郎（福）。皆侨居京师，与余家往来最契'。又曰："佩吉能鼓琴。仁和许氏之女甥，见许玉年大令（乃谷）《瑞芍轩诗注》。"

顾太清诗词

岁暮寄仲兄，用东坡和子由
苦寒见寄韵

雪后北风起，岁暮临新年。
言念客中人，何日方当还。
旅食恐不周，多病凋丰颜。
一月两寄书，一书五六篇。
告我客中事，略有好因缘。
县令与之游，我闻心喜欢。
吾兄本书生，所余惟青毡①。
明哲贵保身，思退慎进前。
出处各有时，请看墀与壖②。
乐道毋忧贫，仰不愧于天。
且待春风至，万物同新鲜。
寄以敝狐裘，副以苍玉环。
翘首望南云，新雁将北旋。

① 青毡：为士人故家旧物之代词。
② 墀与壖：墀，台阶。壖，余地；隙地。此处墀壖对言，指宦海浮沉。

岁暮寄云林城南，兼送云姜

昨闻婢子言，知君抱微恙。
思君不得见，寸心时怏怏。
奈兹岁云暮，年事多主张。
又闻远行人，笼箱理帏帐。
去去不能留，悠悠空怅望。
时遇早春来，条风①扇和畅。
弱柳垂新条，烟丝散晴旷。
绿水融坚冰，征车好南向。
相与送将归，阳关不忍唱。

①条风：冬至四十五天后，立春时东北风。

除 夕 立 春

爆竹声中报立春，辛盘①柏酒味清醇。
醉眠且作今宵梦，明日一番风物新。

①辛盘：古时元旦，立春用葱、韭等辛菜作食品，表示迎新。

顾太清诗词

《天游阁集》卷四

钝宧曰："天游阁诗阙第四卷，盖皆丁酉一年所作，而卷五篇页特多，析为二卷以符原数。其第四卷不知尚在人间否。"

戊 戌 元 日

新岁日逢甲，乾坤天地清。
条风扇和气，化日煦春晴。
节候一元①始，莺花万象更。
亦知为善乐，所以贵吾生。

钝宧曰："太清是年四十岁。太素即以是年卒。余诗所谓'四十文君傥白头'也。"

①一元：经岁之意。此指新年的开始。

四 十 初 度

百感中来不自由，思亲此日泪空流。
雁行隔岁无消息，诗卷经年富唱酬。
过眼韶华成逝水，惊心人事等浮沤①。
那堪更忆儿时候，陈迹东风有梦不。

①浮沤：水面泡沫。喻人事虚幻。

上元后一日，恭祝夫子四十寿

八十平分赋好春①，花灯寿斝②又更新。
万言诗句垂千古，一气洪濛合大钧③。
鹤算长天开绛帐④，鹿鸣⑤小雅宴嘉宾。

为屏乐善无余事，且放笙歌醉月轮。

①自注："予与夫子同生于己未。"
②罍：古代酒器，青铜制。
③洪濛：自然元气。大钧，指天，大自然。
④绛帐：红色帐帷。寓设帐讲学意。
⑤鹿鸣：《诗·小雅》篇名。是贵族的宴会诗。

往香山访家霞仙妹作

春日欣人意，侵晨出郭门。
东风吹宿麦①，西岭上朝暾②。
刺眼看新柳，留心认野村。
思君何谓远，里数不须论。

①宿麦：隔年成熟的麦。语出《汉书》颜师古注："秋冬种之，经岁乃熟，故云宿麦。"
②朝暾：早晨的太阳。

以诗代柬答纫兰，兼谢见寄粳米、百合

故人怪我寄书迟，无奈年来病不支。
把笔难酬千里信，看花已过半春时。
相思有梦分明写，莫逆于心各自知。
百合香粳劳远赠，玉泉同煮滑流匙。

谢选楼老人见赠自书梅花诗扇
即次其韵

老年作字见精神，滇省风光记特真。
首出群芳开庶物①，香生妙笔写花身。
冰姿早带和羹味，玉骨②先传破腊春。
我欲题诗愧前辈，清凉深感选楼人。

①庶物：众物，万物。

②玉骨：言梅以玉为骨，喻其隽爽、高洁。

六月九日邀云林、湘佩，尺五庄看荷花，座中次湘佩前游韵

一

冷香艳色自佯佯①，晓日笼烟树影长。

宿露未干苔径滑，虚亭四面水风凉。

二

花间清露倩谁收，菡萏②欹红态更幽。

转藻参差流不定，权将水榭③作兰舟。

三

重见莲花又一年，临池难貌水中仙。

惜花姊妹怜花色，花也怜人竟不然。

四

城南韦杜近丰台，为看荷花一早来。

花好尚如前度色，愧余不是写花才。

钝宦曰："湘佩姓沈名宝善，钱塘人，武凌云妻，著有《鸿雪楼诗》。见《两浙辎轩续录》。""湘佩有《闺阁词话》录太清词五首。"

①佯佯：即洋洋，形容众多。此指香色很浓。

②菡萏：荷花。刘桢《公谦》诗："菡萏溢金塘。"

③水榭：建于水边或水中供人们游憩、眺望的建筑物。

闻珊枝弃世，赋诗遥挽

传闻乍听惊心魄，复又沉思杂信疑。
远道故多言错误，衰颜久已病支离①。
去年别我秋风里，今日哭君春雨时。
旧句未知曾见否，此生真个会无期②。

钝宦曰："珊枝殁于杭州也。"

①支离：颓散。
②自注："予去冬曾寄诗云，'也知欲见真无日，水远山长尽此生'。"

四月十一日白云观听张坤鹤
老人说元都①律

白云深处启丹扉，羽葆霓旌②耀日辉。
清净③道中元鹤降，步虚声④里落花飞。
诸天⑤护法损之益，八卦成爻妙以微。
借问游人何所得，香尘一路澹忘归。

①元都：应为"玄都"，避圣祖爱新觉罗·玄烨讳。
②羽葆：即羽盖。古时用鸟羽装饰的车盖。霓旌：古时皇帝出行时仪仗的一种。张楫曰："析羽毛染以五彩，缀以缕为旌，有似虹霓之气也。"
③清净：佛家语，谓远离罪恶和烦恼。
④步虚声：诵经声。语出《异苑》"陈思王（曹植）游山，忽闻空里诵经声，清远道亮，解音者则而写之，为神仙声；道士效之，作步虚声。"
⑤诸天：佛经言欲界有六天，色界之四禅有十八天，无色界之四处有四天，其他尚有日天、月天、韦驮天等诸天神，总称之曰诸天。

挽大姑富察县君

命尽力难挽，残灯照病容。

宝钗云鬓乱，素手玉环松。

白骨无儿殓，朱棺有弟封。

落花何促迫，飘絮太惺松。

一旦遂长往，从今不再逢。

同云林、湘佩游尺五庄，怀纫兰作

韦杜城①南近水滨，花田菜圃净无尘。

烟开夏木逢新雨，香满池莲忆故人。

千里关心应念念，旧游回首记真真。

碧筒②且尽今朝醉，斜日鸣蝉送画轮③。

钝宦曰："纫兰时客大梁也。"

①韦杜城：唐陕西长安城南累世贵族韦、杜两家旧址。

②碧筒：即碧筩杯，古以荷叶为之，形似象鼻者。

③送画轮：送画之车，寓他日车行送上今日游赏所见之图画意。

伏日，同云林、湘佩尺五庄看荷花，过三官庙，见桂花已开。冷暖相催，气候无准。向来北方此二种多不能同时。正所谓"十里荷花、三秋桂子"者也。归来赋诗纪之

细路通萧寺，同人载酒来。

交深忘检束①，诗好费徘徊。

金粟②先秋吐，红莲③冒日开。

炎凉随气候，何必更疑猜。

①检束：拘束；约束。

②金粟：桂花异名。

③红莲：红色莲花。

自先夫子薨逝后，意不为诗。冬窗检点遗稿，卷中诗多唱和，触目感怀，结习①难忘，遂赋数字。非敢有所怨，聊记予生之不幸也。兼示钊、初两儿

昏昏天欲雪，围炉坐南荣②。
开卷读遗编，痛极不成声。
况此衰病身，泪多眼不明。
仙人自登仙，飘然归玉京③。
有儿性痴顽，有女年尚婴。
斗粟与尺布④，有所不能行⑤。
陋巷数椽屋⑥，何异空谷情。
呜呜儿女啼，哀哀摇心旌。
几欲殉泉下，此身不敢轻。
贱妾岂自惜，为君教儿成。

钝宦曰："太素死而家难作矣。斗粟尺布，殆起于兄弟之间不相容乎。"

①结习：佛教语。指人世的欲望、烦恼等，后称积久难破的习惯为结习。
②南荣：房屋的南檐。
③玉京：道教称天帝所居之处。
④斗粟与尺布：见《史记·淮南王传》载汉文帝废逐淮南王长事。言"斗粟"可舂而共食，"尺布"可缝而共衣，文帝持天下之广，宁不容于王长耶？今以"斗粟尺布"喻兄弟之间不相容。
⑤有所不能行：行，还也。出自《吕氏春秋·贵因》"胶鬲行"。
⑥自注："时在西城养马营赁房数间暂居。"

七月七日先夫子弃世，十月二十八日奉堂上命，携钊、初两儿，叔文、以文两女，移居邸外，无所栖迟，卖金凤钗，购得住宅一区，赋诗以纪之

仙人已化云间鹤，华表何年一再回①。
亡肉含冤谁代雪，牵萝补屋②自应该。
已看凤翅凌风去③，剩有花光照眼来④。

兀坐⑤不堪思往事，九回肠断寸心哀。

钝宦曰："堂上者，荣恪郡王之福晋也。"又曰《前汉书·蒯通传》："里妇夜亡肉，姑以为盗，怒而逐之。妇晨去，过所善诸母，语以事而谢之。里母曰：'女安行？我今令而家追女矣。'即束缊请火于亡肉家，曰：'昨暮，犬得肉，争斗相杀，请火治之。'亡肉家遽追呼其妇。诗中亡肉含冤，即使其事。"

①华表：石柱状建筑物，上面刻有各种花纹和图案，古代用来指路或在宫殿、陵墓前做装饰物。
②牵萝补屋：喻生计艰难。见杜甫《佳人行》："侍婢卖珠回，牵萝补茅屋。"
③凤翅凌风去：指顾春为买住宅而卖掉自己的金凤钗。
④自注："此宅庭中海棠最多。"
⑤兀坐：独自端坐。

许滇生司寇六兄见赠银鱼①螃蟹，诗以致谢

岁暮又新年，东风解冻天。
门庭无客至，盘合感兄怜。
白酒持双蟹，银丝②脍小鲜。
高怀叨屡赠，相报有诗笺。

①银鱼：鱼名。似脍残而小，古谓之白小，后人称面条鱼。
②银丝：凡物色白而细长者，多以银丝为喻。此即指银鱼。

己亥生日哭先夫子

虚室东风冷，幽居泻泪泉。
去年同宴乐，此日隔人天。
生死原如幻，浮休岂望仙。
断肠空有恨，难寄到君前。

钝宦曰："太清是年四十一岁。"

己亥清明，率载钊恭谒先夫子园寝^①痛成一律

入谷惟闻春草馨，苍苍松桧护佳城。
林泉已遂高人志，俎豆^②难陈寡妇情。
近日忧劳成疾病，经年魂梦却分明。
伤心怕对闲花柳，泪洒东风不欲生。

①园寝：指作者丈夫奕绘的墓地。
②俎豆：古代祭祀用的两种盛祭品的器具。此指祭祀。

新　笋

人家种竹新解箨^①，我家竹叶夏乃落。
只因好雨不及时，恼人两月黄霾恶。
不雨频加灌溉功，小园井水为之涸。
昨日饭后绕林看，枝间新叶舒仍弱。
今早儿童报我知，初生新笋尖如削。
惟愿来年笋满林，良友来时堪大嚼。

①箨：竹笋外皮。

题先夫子《雷泉歌》卷后

一

震曰雷兮震我槐，猛风骤雨霎时来。
电光尚记当年事，诗卷空增此日哀。
叹我真成薄命者，思君岂止济川才。
可怜千尺雷泉水，剩有拳拳土一堆^①。

二

西门浚井忆当年，得意新诗歌六篇。
泉水于今成废地，主人去岁已登仙。
篆书幸有门人守，空井徒为世子填。
我欲题诗倍惆怅，模糊病眼泪丝悬。

钝宦曰："载钧袭固山贝子。"

①自注："此泉为长子载钧填平。"

七月七日夫天子小祥①，率儿女恭谒
南谷，痛成二律

一

阴阴山影下斜阳．惨惨风吹缟袂②凉。
绕墓诸雏啼血泪，断肠寡妇奠椒浆③。
期年已改先人道，妆阁权为选佛场。
未必九泉无见识，料应回首也悲伤。

二

平安精舍大槐宫，碎瓦零砖满目中。
将犊牛羊行曲径，成群骡马践芳丛。
流传剩有当年句，治造徒劳五载工。
此景此情言不尽，寒蝉老树哭西风④。

①小祥：古父母丧后十三个月之祭礼。
②缟袂：白色的袖子。缟，细白的生绢。
③椒浆：即椒酒。用椒浸制的酒。
④自注："南谷丙舍有大安山堂、霭云馆、清风阁、红叶庵、大槐宫、平安精舍，皆夫子度其山势，因其树木而构之，及阑干、窗棂皆自画图而制，并题额赋诗。予每从游，皆宿于清风阁。今大槐宫、平安精舍尽为长子载钧所毁，且延番僧在清风阁作法以被除。"

同云林携钊儿，游万柳堂拈花寺，骑马过夕照寺，得四绝句聊以纪游

一

驱车为趁晓风凉，问路寻来万柳堂。
指点旧游都不是，且从人世看沧桑。

二

文昌阁对御书楼，古寺萧条动客愁。
老衲①逢人频乞米，拈花一笑再来游。

三

鸡冠夹路看花田，此地重来三十年。
夕照凉风同策马，乱蝉声里拂吟鞭②。

四

几处高原多种麻，枣枝低护野人家。
伤心不见当年柳，胜事犹传解语花③。

①老衲：衲是僧衣，故称老僧为老衲。
②自注："城东多种鸡冠花。"
③解语花：王仁裕《开元天宝遗事·解语花》："明皇秋八月，太液池有千叶白莲数枝盛开，帝与贵戚宴赏焉。左右皆叹美久之。帝指贵妃示于左右曰：'争如我解语花？'"争，通"怎"。旧时比喻美人。

秋日红雨轩独坐，偶阅《清閟阁集》，即用卷中秋容轩韵，成此三绝句

一

白露初交八月朔，支离瘦骨怯西风。

豆花斜日疏窗影，凉在秋菘①小圃中。

二

柴门篱落蔓牵牛，风动残荷晚更幽，
把卷焚香成独坐，桂花初绽几分秋。

三

假山当户两三峰，修竹新稍未满丛。
流水绕阶半弓地，幽花几朵一帘风。

①菘：白菜。

中秋后一日，同云林、湘佩、家霞仙，雨中游八宝山。晚晴，湘佩先归。予同云林联辔送霞仙回香山，留宿延青草阁。知己谈心，人生乐事，即次云林韵，成此一律以纪之

高原禾黍晚烟笼①，雨后群山湿气濛。
草阁暗霏秋露白，西窗同翦②蜡灯红。
照人明月云初净，劝客深杯夜已中。
信宿来朝又归去，凉风一路送青骢③。

①烟笼：云气遮罩。
②翦：同"剪"。
③青骢：青白色的马。

秋　柳①

绿挂寒烟柳万条，断魂凉夜倩谁招。
依依自顾经霜影，楚楚空怜照水腰②。
落叶哀蝉千里梦，晓风残月五更潮。
难禁最是潇潇雨，冷到红阑第几桥。

①自注："社课。"

②腰：柳腰、柳枝。

云林以衍波笺小卷嘱题，即次
卷中伯芳韵

小院霏烟昼掩门，西风蟋蟀又登盆。

短丛漠漠愁花魄，弱缕依依掩柳魂。

润逼琴弦连夜雨，凉生荷叶带秋痕。

索题欲作蝇头楷①，自笑年来老眼昏。

①蝇头楷：本指小字。此指作诗。

寻辽后梳妆楼故址①

闻说梳妆旧有台，断烟残照不胜哀。

一抔荒土传今古②，六翟③秋风化草莱。

镜舞青鸾容易去，花飞宝钿等闲开。

遗编难考当年事，且向居民问讯来。

①自注："社课。"

②一抔土：一抔，一捧。语出《史记·张释之冯唐列传》"假令愚民取长陵一抔土，陛下何以加其法乎？"长陵，汉高祖陵墓。后人因称坟墓为一抔土。

③翟：长尾山鸡，盖指皇后车服，以六翟为饰。

喜　雨

京都十月连阴少，檐溜当风泻碧流。

已见甘霖①承瑞兆，待看秀色满皇州。

小窗一夜听冬雨，大地来年报麦秋。

从此不须愁米贵，生民饱食复何忧。

①甘霖：适时而有益于农事的雨。

赋得云水光中洗眼来

一望苍茫界，涵光万象开。
野云浮暧曃①，澄水澹潆洄②。
净也乾坤眼，渊乎方寸台。
泊舟临极浦③，邀客引深杯。
细露沾衣乍，清辉吐月才。
天空鸿雁远，风静白鸥来。
智乐惟仁者，忘机即圣哉。
凭虚何所住，步履接三台④。

①暧曃：形容浓云蔽日。
②潆洄：形容水流回旋。
③极浦：远浦。语出《楚辞·九歌·湘君》"望涔阳兮极浦。"
④三台：天阶。

忆西湖早梅①

十月早传春信早，孤山有梦路迢迢。
遥知画舸②经行处，香度微风过短桥。

①自注："社课。"
②画舸：装饰华丽的游船。

红　叶①

妆点疏林入画工，斜阳碎影照丹枫。
行霜青女②怜秋澹，也效春花作艳红。

①自注："社课。"
②青女：神话中霜雪之神。语出《淮南子·天文》"至秋三月，青女乃出，以降霜雪。"《注》"青女，天神，青霄玉女，主霜雪也。"

冰　床①

地闭坚冰结，沿河唤渡声。
移床难就寝，敷座可登程。
摇曳肩头稳，驰趋镜面平。
长绳随宛转，浅辙印纵横。
何用凌波袜，非关逐浪鲸。
两堤枯草木，一路碾瑶琼。
要在防坑坎，还须认陷倾。
东风融泮②后，君子慎其行。

①自注："社课。"
②泮：溶解。

暖　炕①

人力胜天力，炎凉竟可移。
暖融阳燧②火，烟霭蚩尤旗③。
能使花盈座，何妨冰满池。
绮窗晴展画，红烛夜敲棋。
细细重裀稳，深深绣幕垂。
不须金鼎炭，远过绿熊皮。
亦有奔驰者，难辞风雪吹。
晏安诚所谓，天道岂无私。

①自注："社课。"
②阳燧：古人就日下取火的凹面铜镜。
③蚩尤旗：传说蚩尤冢所出的赤气。语出《皇览》曰"蚩尤冢在东平郡寿张县阚乡城中，高七丈，民常十日祀之。有赤气出，如匹绛帛，民名为蚩尤旗。"

顾太清诗词

庚子生日，哭先夫子

四十二年如梦过，东风暖日又新春。
半生劳碌凭谁话，两字浮休寄此身。
观化暂能忘俗累，餐书或可疗清贫。
九泉寄语须相待，独坐挑灯泪满巾。

钝宦曰："太清是年四十二岁。"

春阴无聊，适屏山使童子以素馨辛夷见赠，附有佳句，谨依来韵申谢

将近清明寒不减，妙香素质斗芳春。
道人短发羞簪取，辜负冰姿谢主人。

钝宦曰："屏山姓项，钱塘人，许滇生尚书之妻也。善画，梁楚生有题，族侄妇项屏山女史画花卉卷一诗，见《古春轩诗钞》。

清明前一日，率五儿载钊、八儿载初
宿清风阁夜话有感

碧草青山常不改，柳烟杏火古犹今。
魂能化鹤①留仙迹，梦可通神寄好音。
万事无如儿子孝，百年空费道人心。
挑灯共话当年事，悲愤相兼泪满襟。

钝宦曰："太素总集名《明善堂》，分其诗曰《流水编》；词曰《南谷樵唱》，凡八册。"又曰"载钧袭贝子，后无子。其嗣子名溥楣，袭奉恩镇国公。"

① "搜神后记"载辽东人丁令威学道，后化鹤归来，落于成门华表之上。又作诗曰："有鸟有鸟丁令威，去家千年今始归。城郭如故人民非，何不学仙冢累累。"后用化鹤谓成仙，又指代逝世。

② 自注："当初，夫子欲为百年计，南谷一切花木果蔬及牛栏豕棚数目皆有诗，见《明善堂·流水编》第十五卷。今一旦为长子载钧赁出，每年只得

租钱六十余千。予非扬彼之不孝，实为天下之为子孙计者劝。"

纫兰寄到阖家共赋春生诗数十首，且约同赋，遂用元微之原韵，仅成十章，以诗代柬

一

何处春生早，春生柳色中。
燕来十日社①，花过几番风。
红杏离宫艳，玉泉新水融。
灯前开远信，珠玉粲芳丛②。

二

何处春生早，春生天地中。
梦魂随汴水③，音问寄东风。
告我家庭宴，知君乐事融。
龙孙迎燕喜，新叶茂丛丛④。

三

何处春生早，春生讲席中。
分题新节令，合式⑤古人风。
注易参尼父⑥，谈经羡马融⑦。
传家有贤子，玉树况成丛⑧。

四

何处春生早，春生画阁中。
高怀知乐知，雅韵风和风。
绿醅椒花暖，红灯宝焰融。
遥知传寿斝⑨，斑彩戏花丛。

五

何处春生早，春生雁字中。
一行冲碧落⑩，万里御长风。
岂为稻粱计，因知节序融。
翱翔有同好，类聚自相丛。

六

何处春生早，春生几砚中。
勉成新句读，敢废旧家风。
把卷愁能破，敲诗⑪兴自融。
怀人千里外，应念旧时丛。

七

何处春生早，春生小院中。
柳才飘弱线，花已破条风。
帘额停云腻，房栊⑫晓日融。
鸟啼催梦醒，绿上海棠丛。

八

何处春生早，春生园圃中。
草根肥宿雨，榆荚落轻风。
旧架朱藤绕，新池碧水融。
阶前无隙地，花木各成丛。

九

何处春生早，春生忆念中。
旧游怀旧雨，新句慕新风。

鱼也清心切，冰分热意融⑬。
不知更何日，重聚昔年丛。

十

何处春生早，春生尺牍中。
同心写素质，空谷散清风。
纸扇传情远，香囊著体融。
计程书到日，应蔍牡丹丛。

钝宦曰："纫兰子名栳。"

①自注："二月十七社。"
②自注："是日自香山归来，得接此书。"
③汴水：古水名。在河南省。
④自注："书中以长媳怀孕相告。"
⑤合式：体式相合。
⑥尼父：指孔子。
⑦马融（79—166）：扶风茂陵（今陕西兴平）人。东汉经学家。遍注《周易》《尚书》《毛诗》等。
⑧自注："上星湖先生谓子万昆仲。"
⑨寿罍：祝寿的酒怀。
⑩碧落：犹言碧空。
⑪敲诗：诗谜的一种，也称"打诗宝"。在此有"吟诗"之意。
⑫房栊：即窗棂。语出《汉书·外戚班倢伃传》"房栊虚兮风泠泠。"
⑬自注："渭鱼听轩诵冰室阮钱两妹。"

自题画扇寄纫兰

怅望相思千里隔，暮春欣展早春诗。
道人欲报惭无物，空谷幽香寄一枝。

女 游 仙①

一

筠篮竹杖泛仙槎，采过蟠桃第几花。
行到中央回首望，水波云影澹朝霞。

二

鬓影衣香不染尘，云章②一简墨痕新。
临池细蘸芙蓉露，自写丹书拜玉真。

三

七襄③裙幅束纤腰，袅袅冷风颤翠翘④。
斗草⑤归来邀女伴，莲华峰顶看春潮。

四

琼浆小饮玉颜酡⑥，笑捻花枝倚树歌。
长唳一声天外鹤，松苍苍处五云⑦多。

五

云窗雾阁尘吹笙，风送仙音出玉京。
听到月明清露下，落花香度步虚声。

六

人在璚楼不卷帘，羽衣⑧轻软鬓眉纤。
飞泉倒泻银河水，十二阑干月一奁。

七

红灯笑茧夜敲棋，玉局弹来故故迟。

不管人间闲甲子，落花飞絮任风吹。

八

风满灵旗⑨翠袖寒，洞开金碧⑩走青鸾。

惜花不作愁春梦，消受虚无天地宽。

①自注："社课。"

②云章：语出《诗经·大雅·棫朴》"倬彼云汉，为章于天。"后因称笔迹为云章。

③七襄：《诗经·小雅·大东》"跂彼织女，终日七襄。"《辞海》注，"织女星自卯至酉……更移七次。"谓之"七襄"。在此喻织工精巧，费时日之多。

④翠翘：古时女子的一种首饰，形状像翠鸟尾上的长羽。

⑤斗草：亦称"斗百草"。《荆楚岁时记》："五月五日，有斗草之戏。"杜牧诗："斗草怜香蕙，簪花间雪梅。"

⑥酡：醉酒脸红。

⑦五云：五色的瑞云。

⑧羽衣：用鸟羽制成的衣服。后称道士为羽士。道士的衣服为羽衣。

⑨灵旗：语出《汉书·礼乐志》"招摇灵旗，九夷宾将。"注"画招摇于旗以征伐，故称'灵旗'。"按：招摇，星宿名。

⑩金碧：原指中国画颜料中的泥金、石青和石绿。此状仙人洞府金碧辉煌。

钱塘陈叟字云伯①者，以仙人自居，著有《碧城仙馆词钞》，中多绮语②，更有碧城女弟子十余人代为吹嘘。去秋曾托云林以莲花笺③一卷、墨二锭见赠。予因鄙其为人，避而不受。今见彼寄云林信中，有西林太清题其春明新咏一律，并自和原韵一律。此事殊属荒唐，尤觉可笑，不知彼太清、此太清，是一是二？遂用其韵以记其事

含沙小技太玲珑，野鹜安知澡雪④鸿。

绮语永沉黑暗狱，庸夫空望上清宫。
碧城行列羞添我，人海从来鄙此公。
任尔乱言成一笑，浮云不碍日光红。

钝宦曰："太清曾托许云林索汪允庄夫人题其听雪小像，允庄效花蕊宫词体，为八绝句报之。见《自然好学斋诗钞》。允庄，云林表姊，而云伯之子妇也。此诗乃痛诋云伯何耶？余藏云伯《颐道堂诗》仅十九卷，非足本也。十九卷中，无《春明新咏》一首，俟续考。"又曰："云伯处处摹仿随园，装腔作调，到老不脱脂粉之气，实实可诋。"

①云伯（1771—1843）：陈文述，号云伯，钱塘（今浙江杭州）人。清诗人。著有《秣陵集》等。
②绮语：涉及爱情或闺门的艳丽辞藻及一切杂秽语。
③莲花筏：剧曲名。清朱佐朝撰，亦作《慈悲愿》，演唐玄奘事。
④澡雪：精洁。《庄子·知北游》："澡雪而精神。"

四月八日同屏山、云林、湘佩、家霞仙游翠微山，次湘佩韵

问水登山几度临，壮游聊可散烦襟。
千岩苍翠疑风雨，万木婆娑认浅深。
略彴斜通石路曲，远村遥指夕阳沉。
相期更约看红叶，敢负同来此日心。

四月十四日，同家少峰兄、霞仙妹，携钊、初两儿游八宝山，以首夏犹清和为韵，成此五律

一

相邀侵晓出城门，软草平沙信马走。
飞絮轻沾过客衣，野花香插村姑首。
崚嶒①山影不分明，款段②游缰互前后。

山阁凭虚眼界宽，放怀同醉瓶中酒。

二

为爱西山几度来，良辰况是多闲暇。
清泉慢引旧田畦，细浪平翻新杷秅③。
红雨轻飞已送春，绿阴乍满宜初夏。
道人饷客意殷勤，白酒特从村店贳。

三

森森夏木听鸣鸠，日影微阴树影稠。
览胜欲穷千里目，登高更上一层楼。
野蔬村酒同兄弟，快马轻车共侣俦。
去岁中秋曾过此，青山无恙古今犹。

四

晓日笼阴午日晴，近山云敛远山清。
凭凌院宇神仙界，澹荡风光客子情。
花发千岩攒锦绣，鸟和百籁④听箫笙。
年来不减登临兴，收拾烟霞过此生。

五

春衣未换尚清和，薄醉驱车许放歌。
玉勒⑤任教穿老树，朱轮不惜碾轻莎。
暮云城郭遵归路，落日羊牛欲下坡。
借问到家时早晚，闲阶已是月明多。

钝宦曰："前卷所称仲兄当即少峰也。"

①峻嶒：山势高峻的样子。

②款段：马行迟缓貌。

③秅稆：稻名。

④百籁：诸物为风激动所发之声。

⑤玉勒：以玉为饰的马衔。此指马。

先夫子大祥①，率钊、初两儿，叔文、以文两女，恭谒南谷

七夕携儿冒暑来，驱车一路寸心哀。

诸侯园寝无官守，丙舍廊庑任草堆②。

素壁长歌君自写③，红棠双树我亲栽④。

人间限满归泉下，他日同游亦快哉。

①大祥：父母丧二十五月之祭礼。

②丙舍：此指停放灵柩的房屋。庑：正房对面或两侧的小屋子。

③自注："清风阁壁间有夫子题句。"

④自注："霏云馆阶下海棠两株，乙未年手种。"

　　七月二十一日，南谷守兵报，宝顶为山水倾陷。当初设立护卫一员，办理山田事务，自载钧承袭后撤回，惟留兵丁五人而已。今伊所信用者，多负贩厨役等，赏赐无节，皆谄媚小人，不谙大事。虽有旧臣数人，略有规谏者，轻则罚俸，重则斥革。终日昏昏，惑于群小，故祭祀笾豆①之事，置之不问。无奈，钊、初两儿皆在幼年，而衣食尚不给，况于修葺乎？思量及此，五内焦灼，得不痛哉

英雄事业文章杰，有子缘何太不仁。

名器②多归灶下养，恩情不及墓中人。

佳城半为秋霖陷，木主③常于野兽邻。

闻报此言肠寸断，欲兴匠作奈儿贫。

①笾豆：笾，古代祭祀和宴会时盛果品、干肉等的竹器，亦统指祭器。

②名器：奴隶社会和封建社会称表示等级的称号为名器。

③木主：为死者立的木制牌位。即神主。

伏日雨后，访富察蕊仙夫人（华簪），留饮归来，夜已中矣，赋此致谢

一

初交彷佛旧相识，林下家风①异俗流。
堆案图书妆阁静，缘阶花木小庭幽。
烟笼老树青如滴，雨洗浓苔翠欲浮。
宾主不拘忘检束，敢辞一饮醉方休。

二

不畏泥途夏日长，蕊仙留客具壶觞。
屏除世态推君雅，简慢人情恕我狂。
大论夫人知武略②，慧心婢子解文章③。
安车一路归来晚，细露沾衣作嫩凉。

①林下家风：形容闲雅、超脱。古时称妇女超逸之致为林下风。
②自注："因定海县失守，是日细沦情形。"
③自注："命侍儿蕴珠诵乐天诗侑酒。"

八月十二日病中口占

杨柳空濛雨万丝，小庭积水荡涟漪。
经旬卧病强扶起，隐几南窗坐片时。

赋得杨柳墙头数点山

爽气明西岭，群峰俨若环。
一泓①澄碧水，数点耸秋山。
屋角供游赏，墙头作意闲。

新妆经雨后，飞鸟带云还。
雾色开千仞，轻烟澹几弯。
良时添画本，清影落檐间。
蜡屐②随留去，扶筇③任往攀。
太平无事日，仁智乐天颜。

①泓：深而广的水。
②蜡屐：涂蜡的木屐。
③筇：一种竹子。指竹杖。出四川筇都。

重阳前二日，钊、初两儿同石介孙先生（元珪）过天宁寺访菊，且有九日登高之约，用次原韵

一

七日先吟九日词，东篱①消息漫劳思。
凉风酿雨愁花信②，秋潦连阴累圃师③。
寂寂重阳忙里过，匆匆寸晷④暗中移。
最怜辜负闲樽酒，元亮当年知不知。

二

满城风雨竟难嗔，应责花神懒是真。
已负寒香篱下句，尚劳蝴蝶梦中身。
观生观化无穷理，成佛成仙有数人。
花早花迟归一笑，任教素魄换红轮。

三

佳章示我粲虹霓，欲和霜毫⑤信手提。
敢谓工诗惭草率，岂能格物愧无稽。
黄花亦可随时放，白酒何妨到处携。
侍座更须遣儿辈，登高直过玉峰西⑥。

①东篱：语出《陶渊明·饮酒》"采菊东篱下，悠然见南山"。后因以借指菊花或种菊之处。

②花信：谓开花的消息。犹花期。

③自注："今秋连雨经旬，至重阳菊未作花。"

④寸晷：同"寸阴"。晷，日影，借指时间。很短的时光。

⑤霜毫：毛笔。

⑥自注："八宝山在玉泉山西南。"

庚子乡试，子万举孝廉，寄贺纫兰，兼以《经纶图》赠之

一

一轴经纶赠画图，青灯十载苦功夫。
文昌①天榜分明注，试问深闺有梦无。

二

篆法冰斯②到处闻，彩鸾应许是前身。
明年翰苑颁云诰，不负糟糠写韵人③。

三

与君相别三年矣，汴水燕山事不齐。
最喜重逢知有日，题诗先贺孝廉妻。

钝宦曰："子万举孝廉，寻卒。记事续稿有告亡儿宝惠文一首。"又曰："子万有一子名柖。"又曰："'诵冰吾冢妇，古篆范虫鸟。'此衍石给谏诗也。见《刻楮集》。"又曰："纫兰父名培厚，字耕淳，官户部陕西司主事。纫兰母，即衍石给谏姊也。给谏记事稿，有李君墓志铭文。"

①文昌：星宿名，传说掌人间贵相禄命事。

②冰斯：秦李斯、唐李阳冰。二人皆以篆书著名。此处形容篆书之美。

③自注："纫兰曾售篆字以助子万读书。"

《天游阁集》卷五

六　绝　句

　　庚子十月七日，先夫子服阕①，因太夫人抱病未果亲往，谨遣载钊恭诣南谷，痛成六绝句。

一

死者已成天上果，生人空向世间忙。
儿婚女嫁何时毕，博得愁心各自伤。

二

匆匆光阴同逝水，昏昏大梦几时醒。
年来辛苦从谁说，始信沉忧损性灵。

三

九泉能否念慈亲，老病思儿倍惨神。
虽有诸孙终不及，承欢②难慰暮年人。

四

思量到此不胜悲，况是高堂病已危。
二载忧心惟有泪，庞姑苦志更谁知。

五

纸钱一陌遣儿烧，飐飐③心旌痛自摇。
哭对遗容频祷告，灵魂可否许依招。

马踏崇山犯晓霜，寒云深处奠椒浆。

愿君暗里须加护，第一毋忘翰墨香④。

① 服阕：古丧礼规定，父母死后，服丧三年期满除服，称服阕。

② 承欢：指侍奉父母。如承欢膝下。

③ 飐飐：因风吹而颤动。

④ 翰墨：笔墨。借指诗文书画之类。

十一月四日，梦中题王綦画《戏鱼图》

渺渺波纹细，丝丝风暗飘。

滋生各有术，春水长鱼苗。

冬日，季瑛招饮绿净山房赏菊。是日，有云林、云姜、湘佩、佩吉诸姊妹在座。奈予为城门所阻，未得尽欢，归来即次湘佩韵

神仙洞府远尘寰，小坐瑶池姊妹环。

既可留花藏暖室，何须结屋必深山。

寒香有意催佳句，银烛无缘照醉颜。

自愧题诗输沈约①，吟成七步②竟消闲。

钝宦曰："季瑛姓余，许青士光卿（乃钊）之妻也。绿净山房者，青士读书之处。"

① 沈约：南朝梁文学家。吴兴武康（今浙江德清武康镇）人。

② 七步：曹丕尝令其弟曹植七步成诗，因以"七步"喻才思敏捷。

静坐偶成

一番磨炼一重关，悟到无生心自闲。

探得真源何所论，繁枝乱叶尽须删。

上定郡王筠邻主人兼次原韵

一

文彩风流迥出尘，生花妙笔见天真。
劻勷金殿千官长，首领银潢一派亲①。
为善著书多训诂②，高山流水自清新③。
颁来珠玉闲中读，诗味醇于酒味醇。

二

四十年来阅世尘，劳生何日得归真。
敢辞儿女为身累，只有诗书是所亲。
圣道传家惟以孝，汤铭取法日当新④。
至言七字难忘却，澹泊生涯滋味醇。

钝宦曰："定郡王名载铨，后追封亲王，谥曰敏。所著有《行有恒堂诗》。"

①自注："时主人现任御前大臣宗令。"
②训诂：对古书字句的解释。
③自注："筠邻主人善鼓琴。"
④汤铭取法日当新：语出《礼记·大学》"汤之盘铭曰'苟日新，日日新，又日新。'"

雨中过含芳园，谒筠邻主人

春雨散如丝，群芳恰及时。
水光溶碧沼，山色印书帷。
阔论何潇洒，高风瞻令仪①。
愧无知己报，酬德只余诗。

①令仪：美好的仪容。

清明由金顶山往南谷，路过姚少师①塔，
马上口占三绝句

一

极目青青麦陇长，独庵废塔据中央。
军功道果皆无益，剩有残碑卧夕阳。

二

拂面东风了不寒，可怜官地变民田。
锥心一语和尚误，千古应输阿姊贤。

三

残忍慈悲特两歧，如来可许衍宗支②。
协谋博得君王宠，惭愧缁衣③换少师。

①姚少师：明，长洲人。本医家子。年十四度为僧。名道衍。工诗画。洪武中选高僧。年八十四卒。

②宗支：同"宗枝"，宗族的支派，亦指同族关系。

③缁衣：僧徒之服，系"紫而浅黑"者。《僧史略》："问：'缁衣者何状貌？'答：'紫而浅黑，非正色也。'"

三月二十四日送钊儿往完县
查勘地亩，以此示之

从未离娘十七年，出门正是暮春天。
饱看山水多加饭，乍历程途要早眠。
骑射莫教闲里废，文章最好客中研。
休贪风景归来晚，难慰予心望眼穿。

三月光阴，五更风雨，多病怀人，殊觉无聊。恰值知微弟过访，细沦篆法，可谓良有宜也

一

春日迟迟花满庭，苔痕草色入帘青。
篆书最属秦丞相[①]，三代遗风法古型。

二

玉柱垂珠[②]细品评，偏旁结构论来精。
幻园弟子真无愧[③]，别有烟霞腕底生。

三

昨夜东风尚嫩寒，小园花事渐阑珊[④]。
敲诗问字消长昼，也算今生一日闲。

四

浊酒难浇磊块[⑤]多，且将文字作消磨。
屏除一切人间事，赚得花前笑语和。

钝宦曰："太素号幻园居士，见《正始集》顾子春小传。"

①秦丞相：指秦朝李斯，书法家。
②玉柱垂珠：篆书笔划之精妙者，犹云楷书之铁画银钩。
③自注："知微篆法受之太素道人。"
④阑珊：将残、将尽之意。
⑤磊块：垒石高低不平。喻阻梗或心中郁结不平。

顾太清诗词

闰三月二日病中忆钊儿

一

庭中海棠花，烂漫开如锦。
多病对残春，思儿难就寝。

二

汝去花才发，今已绿满枝。
牡丹护筠阑①，芍药翻阶墀②。

三

青青榆钱儿，采来作羹汤。
游子客途中，可有此味尝。

四

椒叶绿如云，丁香白似雪。
兀坐计途程，终朝望归辙。

五

胸膈痛不禁，病发三月晦。
幼弟不知愁，伴予惟两妹。

①筠阑：筠，竹子的青皮，借指竹子。阑，同"栏"，竹栏。
②阶墀：台阶，也指阶面。

为介庵王孙（庆廉）画牡丹纨扇

一夜东风散绮霞①，九天清露护仙葩。

临窗自写瑶池影，特赠王孙富贵花。

①绮霞：绚丽的光彩。

题楚江姊丈（奕湘）画《墨牡丹》

一枝和露下瑶池，慢舞霓裳倦不支。
富贵更从清处见，肯将笔意费胭脂。

钝宦曰："楚江为果毅亲王之后，袭奉恩镇国公，谥曰恪慎。"

筠邻主人见惠彤管茶瓯①，并惜余春慢词一阕。是日，予他出归来，以此致谢

归来灯下展瑶篇，旖旎新词触眼鲜。
彤管②窗前开画本，磁瓯花底泛茶烟。
东风惹恨吹红雨，青鸟衔书降碧天。
落尽海棠春去也，绿杨庭院草芊芊。

①茶瓯：茶盂、茶杯。
②彤管：赤管之笔。语出《诗经·邶风·静女》"贻我彤管。"

孝烈将军记（并序）

今年闰月，钊儿有事往完县，过孝烈将军祠，见有元明碑欲拓之，苦无其器，遂向村叟讨得破毡帽，自拓成携归。既喜且感。喜者，五儿所好，颇类其父。感者，先夫子平生好古，更兼考据精详，未得见此。遂用前明柱下史何书光《赛神曲》十二章原韵。

一

羞将眉黛斗新图，慢著戎衣效丈夫。
故态已忘身是女，振戈匹马逐群胡。

二

洗尽铅华历塞尘，暮烟烽火度残春。
毡庐自有还乡梦，恨不侬身似雁身。

三

落日悲鸣塞上笳，昏昏斜月暗荒沙。
身经百战浑无怨，未灭匈奴何以家。

四

闪闪旌旗接阵云，茫茫沙漠马成群。
慨然不洒出门泪，叱咤①风生一旅军。

五

何用琵琶寄恨余，和亲故事自应除。
美人俊骨英雄志，誓斩单于报捷书。

六

争传孝女属曹娥②，寻父轻身犯绿波。
何似将军全体报，归来彩袖舞婆娑。

七

燕山一战破重围，俘虏功成羽檄③飞。

赏赉拜辞三殿诏，乞归重整旧罗衣。

八

闲情谁识挂眉头，秋月春花自放收。
笑煞凝妆楼上妇，壮怀原不重封侯。

九

小县荒祠祀女郎，巍巍金甲肃戎妆。
奇功不撰将军传，消受居民一瓣香。

十

赫赫威名青海西，雄关回首碧云齐。
欢声共唱还乡曲，软草平沙战马嘶。

十 一

明月清辉贯古今，遄④征谁为报佳音。
机中残缕刀头血，十二年来一日心。

十 二

冷风镇日满星旗，梦雨何曾湿画衣。
祈祷有灵民所赖，春秋笾豆奠神畿。

①叱咤：怒斥；呼喝。
②曹娥：东汉时会稽郡上虞县人。相传其父五月五日迎神，溺死江中，
尸骸流失。娥年十四，沿江哭号十七昼夜，投江而死。
③羽檄：即羽书。颜师古注："檄者，以木简为书，长尺二寸，用征召也。"
④遄：急速。

顾太清诗词

万松涵月歌（并序）

　　五儿载钊今年有事往完县，见粮店中有石缸盖，问其值，乃二百五十文，遂以茶叶五斤易之。主人靳某欢然相赠，载归献予。其石径过古尺二尺六寸，淡青色，上有墨色松影，排比者，偃盖者，垂枝者，横斜浓淡，远近分明。黛色参天，苍皮溜雨，历历如画。大有王叔明、曹云西笔法。赐名曰万松涵月，镌于其上，即命工人斫木以为架。遂作此歌。

> 青天皓月悬明珠，中涵松影千万株。
> 森森林立无边隅，幽阴如闻天籁呼。
> 浓皴淡染谁所濡，粗枝密叶参天铺。
> 其质滑腻美且都，文登大理人所谀。
> 贵来方与凡石殊，天开画本应难模。
> 微云一抹如有无，远山掩映疑蓬壶①。
> 其中应结仙人庐，世间日月自征徂。
> 惟此松能常不枯，可谓寿矣天地俱。
> 儿之所好能不愚，毡包载归以献吾。
> 自舀清泉涤泥涂，天生灵物岂容污。
> 斫木为架覆以帙②，相对不忍离须臾。
> 恨不将身入画图，片石珍重抵琼瑜。

①蓬壶：古代传说中的海中仙山。
②帙：覆盖。此指覆盖所用之物。

题李太夫人小照

> 四年前识夫人面，今向图中得见之。
> 翰苑有香联桂树，华堂多喜进瑶卮。
> 花翎特奖书生贵①，云诰先扬阿母慈。
> 闻道楼船又南去，居民翘首仰光仪。

① 自注：“时云舫从征粤东，赏戴花翎，授湖北郧阳知府。”

辛丑七夕，先夫子下世三周年矣。率六女载通、七女载道、八儿载初恭谒南谷。因五儿载钊有差，未克同来。晨起，同通儿清风阁看初日，有感

侵晓山楼望日华，远村尚不见人家。
朝云变化多无定，秋水汪洋自有涯。
深草露滋虫语细，长林风度鸟声哗。
当年旧句难忘却①，可也灵魂忆我耶。

钝宦曰：“太清是年四十三岁。”

① 自注：“丙申春，同先夫子清风阁晓望，有‘高阁延朝日，晨妆对远山’之句。”

初八日山中食千岁羹①

山中富草木，秋风熟瓜豆。
晨起敞楼窗，微凉动襟袖。
老妪遣村童，馈我绿云茂。
此味虽未达，食之颇不陋。
问及此何名，含笑去而复。
娘云千岁谷，和羹可延寿。

① 自注：“即千岁谷叶。”

初九日清风阁望钊儿①

老眼凭高看不清，忽闻林际马嘶声。
今朝驰马登山者，十七年前此日生。

① 自注："儿生于乙酉七月初九日。"

初十日率钊、初两儿游丁家洼
访瀑水岩，马上口占

野花如锦不知名，禾黍离离①夹道生。
盛世郊原无隙地，丰年肥瘠尽收成。
一滩乱石含灵气，千古飞泉蕴水精。
探胜又兴今昔感，西风归路马蹄轻。

① 离离：繁茂貌。语出左思《蜀都赋》"布绿叶之萋萋，结朱实之离离。"

潜　真　洞

传有真人乘鹤去，空余老杏手亲栽。
至今深洞悬钟乳，终古阴崖长碧苔。
大道无为且游戏，谷神①不死或归来。
秋风落日仙坛静，涧草岩花到处开。

① 谷神：老子形容"道"的称呼。"谷"即山谷，象征空虚。"神"有变化莫测之意。《老子》："谷神不死。"

游潜真洞晚归，度梅儿岭口占

夕阳西下乱山围，缥缈遥村暮霭霏。
游兴最嫌秋日短，马头明月照人归。

十八日到家，答六女叔文

十二十三偏落雨，月明十五涨溪流。
贪看秋色归来晚，竟作南山十日留。

秋 窗 听 雨

风雨幽窗病不支，寒螀①听到夜深时。
新来瘦比当初瘦，灯影腰围是所知。
病里三秋轻过了，无聊终日枕书眠。
东篱消息从谁问，辜负黄花又一年。

①寒螀：属寒蝉类。语出《淮南子·说林》"寒螀翔水。"亦作"寒将"。

辛丑十二月十八日
钊儿娶妇，喜而有感

锦堂春色绣芙蓉，彩结宫灯瑞霭①浓。
吉事有祥儿娶妇，门阑多喜婿乘龙②。
代君善后司婚嫁，愧我无能病懒慵。
惟愿九泉加护佑，螽斯③从此衍华宗。

①瑞霭：吉祥的烟气。
②自注："二女孟文适超勇亲王车登巴咱尔。四女仲文适一等子博昌。六女叔文许字承恩公崇端。"
③螽斯：昆虫类，蝗属，产子颇多，故旧以谓子孙繁衍众多之颂辞。《诗经·周南·螽斯》："螽斯羽，诜诜兮。宜尔子孙，振振兮。"华宗：光彩的华贵的宗支。

壬寅元日试笔

五日春风暖渐催①，东南风起彩云开②。
娇儿公服辉金缕③，新妇斑衣④献寿杯。
阶下箨龙⑤延绿竹，枝头结子望红梅。
心香一瓣虔心祷，早愿含饴弄小孩。

钝宧曰："太清是年四十四岁。"

①自注："辛丑腊月廿五立春。"

②自注：“每年元日，钦天监奏风从巽地起。”

③自注：“国朝定制，王公子弟十八岁行冠礼。钊儿生于乙酉，本年元日受二品顶带。”

④斑衣：彩衣。

⑤箨龙：笋之别称。苏轼诗：“斤斧何曾赦箨龙。”

清明芦沟道上书所见

清明有事往西山，略暖犹寒二月天。

老牸曳犁殊费力，饥乌啄粒最堪怜。

愚民未必知藏火，野烧何曾肯禁烟。

抱瓮工夫虽自得，尚须机械利芳田。

上巳访栋鄂武庄①，留予小酌，遍游邸中园亭，且约初十日过予天游阁看海棠，归来赋此

好逢上巳来朱邸②，一路安车过凤城③。

君有庄周临水乐④，我如列子御风行⑤。

碧桃⑥花底香尘软，杨柳池边春草生。

更约海棠开日会，净除荒径待良朋。

①自注：“武庄为辅国公祥竹轩夫人。”

②朱邸：指权贵人家。

③自注：“邸在皇城东北。”

④自注：“武庄雅好养鱼。”

⑤自注：“是日路上遇风。”

⑥碧桃：重瓣的桃花。即千叶桃。

谷雨日，同社诸友集天游阁看海棠。庭中花为风吹损，只妙香室所藏二盆尚娇艳怡人。遂以为题，各赋七言四绝句

一

无赖东风近日吹，恐教辜负看花期。

瓦盆留得春长在，为惜芳姿一下帷①。

二

几度春来到海棠，怕遭风雨损红妆。
玉颜合贮黄金屋，慢道无香却有香。

三

醉态憨憨秀可餐，为留花久筑花坛。
移灯细认横陈影，不解藏花怪阿瞒。

四

惜花偏是怕花开，谁许封姨②恶剪裁。
移向云窗人莫识，何劳更筑避风台。

①下帷：古指下帷攻读，不与世事。此仅取"下帷"舍"攻读"之意。
②封姨：古代传说中的风神。

暮春，闲吟将得四句。值秀塘媳、叔文、以文两女姑嫂学诗，倩予代写，遂足成此律

好景已过谷雨后，花随风落柳风梳。
忧愁暂借诗消遣，烦恼难将酒破除。
人到忘机驯鸟雀，胸无实学愧虫鱼①。
娇儿不识余心苦，刻划偏旁索代书。

①虫鱼：《尔雅》有"释虫""释鱼"等篇，因称为虫鱼之学。

次栋鄂少如亲母韵

醉里吟诗诗思萦，月明风度落花轻。

人归春社残灯暗，座有余香宿酒醒。
妙论多君情最雅，佳章示我句尤清。
薛涛笺①上分明写，真个敲金戛玉声。

钝宦曰："少如是秀塘母也。"

①薛涛笺：纸名。唐元和初，薛涛在西川，居百花潭，好制小诗，惜纸幅大，不欲长而剩，乃命匠人造彩色小笺。时人名为薛涛笺。

赠益园、星槎两姻侄

可畏后生真不错，花笺妙句喜颁来。
既看老凤知雏凤，玉树堪称翰苑才。

惜 花 词

小园日日愁东风，百花狼藉飞横纵。
海棠娇泣墙之东，认取香雾霏濛濛。
谁解惜花拾落红，怜花有泪光潋潋。
柳酣花瞑人意慵，伤春药倩谁为春。
愁耶病耶三月中，空劳明月挂圆穹①。
春归何处欲相从，忍使坐看芳林空。
终日昏昏睡思浓，一春辜负看花瞳。

①圆穹：指天空。

题《冬闺刺绣图》

斜插寒梅压凤钗，停针不语意徘徊。
谁家姊妹深闺里，一瓣猩红刺绣鞋。

倒次湘佩韵

一

近日慵慵懒画眉，晓窗欣诵故人诗。
园花零落东风老，况是愁人抱病时。

二

误人最是笔头花，乐事无多恨转赊。
不及空山无所识，放歌随意傲烟霞。

赋得曲则全①

至道须从曲，虚心得圣传。
不因谦受益，未必缺能全。
有守难攻破，无闲岂易穿。
壶中包万象，世外看回旋。
新者方除敝，亏兮渐可圆。
若能知缓急，何待佩韦弦②。
抱一规前辙，矜多闭后缘。
自明谁肯教，学也竟徒然。

①曲则全：语出《老子》"曲则全，枉则直，洼则盈，敝则新，少则得，多则惑，是以圣人抱一为天下式"。

②韦弦：韦，皮带；弦，弓弦。韦求软韧，弦求紧张。佩戴韦弦，随时警戒自己，因用指有益的规劝。

立夏日，次仲兄韵

一

万紫千红返化城，小园雨后气尤清。
闲将玉局①消长昼，杨柳风传子落声。

二

春归夏至时何速，销尽花魂②与柳魂。
寂寞空庭人意懒，海棠阴里闭重门。

三

一帘晴雪舞杨花，怪煞么么③也自夸。
生怕游踪留不住，浪随风势到天涯。

①玉局：棋盘。
②花魂：谓花的精神、魂魄。
③么么：微小。多指微不足道的人。

送春，倒次仲兄韵

东风不管落花飞，花到残时杜宇①稀。
我欲将身随蝶去，谁能挽力与天违。
断肠今夜怜红瘦②，触目连朝怪绿肥③。
几度思量难解释，一杯香茗饯春归。

①杜宇：杜鹃。
②红瘦：指花稀。
③绿肥：谓春深时花稀而叶盛。

雨 窗 春 晓

幽窗听尽连宵雨，晓恋重衾慵不起。
花稍竹叶弄微风，强向妆台慢梳理。
遥闻深巷卖花声，一声声唱何清美。
花光草色伴人闲，愿得浮生长对此。

燕子曲用温飞卿韵

往来燕熟花间道，衔得新泥带香草。
软语商量何处栖，暗窥藻井①低相报。
乍舒玉翦倚风翻，轻试乌衣临水扫。
落花门巷日迟迟，一生受用花间老。

①藻井：我国传统建筑中顶棚上的一种装饰处理。一般做成方形、多边形或圆形的凹面，上有各种花纹、雕刻和彩画。

落　花

一

乱撒轻红点碧苔，开开落落为谁来。
三春①消息劳蜂使，几度摧残怨蝶媒。
好梦不离芳草渡，暗香犹恋避风台。
非关薄幸留遗憾，结子成阴莫慢猜。

二

摇落群芳尚嫩寒，东风吹过小阑干。
岂因随便成花阵，似有勾留任蝶团。
拟画真容藏秘阁，难将矫诏②约春官。
寻常桃李原无论，日赋天香写佩兰。

①三春：旧称阴历正月为孟春，二月为仲春，三月为季春，合称"三春"。亦指春季的第三个月。

②矫诏：犹"矫制"。假托君命，发布诏敕。

次筠邻主人临池即事韵

修篁①得意两三竿，嫩箨才抽粉未残。

日转花稍移绮牖，风摇柳线拂朱栏。
数声啼鸟人初醒，几缕流云雨后看。
寄语临池垂钓者，诗情酒兴不须阑。

①牖：泛指竹子。

筠邻主人见赠野菊翠蝴蝶二种，
诗以致谢

北海传来野菊花，消烦清味胜于茶。
更招蝴蝶浮轻翠，点缀幽窗处士家。

城南看芍药，晚过尺五庄有感，
用落花诗韵

一

十里香尘碾绿苔，寻芳约伴喜同来。
烟笼芍药邀词客，水满池塘荐月媒。
大白①何妨浮野店，好花未必只丰台。
露荷开日应重到，醉把冰姿子细猜。

二

虚亭芳草怯微寒，夹道文无杂射干②。
燕子斜穿风絮乱，鱼苗轻唼③水纹团。
看来树色应怜我，听彻蛙声岂为官。
广厦半倾成废地，露华空白浥④丛兰。

①大白：大酒杯。语出《说苑·善说》"魏文侯与大夫饮酒，使公乘不仁谓觞政，曰：'饮不釂者，浮以大白。'"
②文无：中药当归的别名。射干：《本草》：药名有射干，一名乌扇。
③唼：水鸟或鱼吃食。

④浥：温润。

夏日听道初两儿读书

翛然①花木荫茅庵，一炷炉烟经半函②。
闲向窗前课儿女，微风晴日诵周南③。

①翛然：形容草木花叶脱落。
②函：此指书函。
③周南：《诗经·国风》之一。

过访少如，座中忽值雷电交作，雨雹横飞。闻朝阳城楼竟为雷火所毁，便道往观，归来赋此记之。时壬寅夏四月二十二日也

岁次壬寅夏维首，庚子日斜风似吼。
是时亢旱已愆期①，触热来访金闺友。
新词妙句共相论，消烦更酌尊中酒。
俄然墨云挟雨飞，奇峰乱掣金蛇②走。
一声霹雳震阶庭，匕箸翻盘杯落手。
旋惊老妪报仓皇，神龙攫物传万口。
朝阳城楼势嵯峨，中藏灵宝天公取。
我闻此语心怵嗟③，辞归不畏泥涂厚。
沿途仰视光烛天，浓烟烈焰冲牛斗。
聚观拥道如堵墙，云云默默互前后。
细思此事何休祥，雷师毋乃职其咎。
盍效昆阳④助战争，一为吾皇击群丑⑤。

①愆期：误期，失期。
②金蛇：喻闪电之光。
③怵嗟：表示内心惊忧。
④昆阳：古邑名。在今河南叶县。汉光武帝刘秀曾率兵大破王莽百万大军于此。

⑤自注："时浙东方用兵。"

夏日雨窗偶成

一

迟迟昼漏日何长，手倦抛书傍隐囊①。
啼鸟数声人语静，一帘微雨枣花香。

二

枣花香里睡相宜，怕弄冰弦懒赋诗。
最是恼人杨柳树，与谁争斗瘦腰肢。

三

腰肢瘦尽带围宽，芒种时犹怯嫩寒。
心地无多愁不少，故教闲却小阑干。

四

阑干难护是愁城，心病浑如酒未醒。
暂借清茶消肺渴，晚风斜飐淡烟轻。

①隐囊：坐榻上供人倚凭的软囊。似今之靠枕。

悼含芳园姬人某氏

罡风①多事妒花开，顿使娇红委绿苔。
应有余香留画阁，更劳幽梦到泉台。
少翁何术招能返，蓬岛无方觅再来。
最是夜深疏月影，树阴空傍小阑隈②。

钝宦曰："此定敏亲王姬人也。"

①罡风：亦作"刚风"。道家语，高空的风。
②隈：角落。

戏答苏姬

老姬从容含笑道，苔阶路滑向须扶。
爱人若辈应如此，毕竟今吾非故吾。

钝宦曰："太清童名段八，婢名石榴，与此姬皆附骥传矣。"

端阳前一日往海淀探孟文病，车中口占

夏日驱车趁晓行，罗衣消受好风清。
一条官路朝初散，五月新蜩耳乍鸣。
麦浪翻翻犹秀穗①，杨花点点已浮萍。
远山浅黛如含笑，爽气朝酣宿雨晴。

①自注："壬寅五月十四夏至，是时麦穗尚未全黄。"

枣　树

西院阶前多枣树，荔墙掩映绿烟遮。
高枝已结垂垂实，低处犹开琐琐花。
风子趁晴朝晒粉，蜂儿抱蕊午开衙。
晚来又见云阴合，准拟今宵雨势加。

雨中偶检《清秘阁集》，用苦雨韵

人言夏潦最宜禾①，电闪金龙雷震鼍。

野卉短丛纷落瓣，瓦盆积水小生波。

将雏燕乍添新垒，酿蜜蜂频补旧窠。

尽日忘机观物化，时铿小句学阴何②。

①自注："谚曰，'六月连阴吃饱饭。'"

②阴何：指南朝梁诗人何逊和陈诗人阴铿。

《天游阁集》补遗

钝宧曰："余录《天游阁集》竟，复从国朝闺秀《正始集》得其诗六首，皆集中所无者。不知编集时手自删去，抑在原阙之第四卷中耶。临桂况夔笙舍人周仪曾云，在京师地摊买得此集。夔笙顷流寓江南，无从借勘。《正始集》小传称，太清字子春，有《子春集》，其集名亦与此异。"

送居士游盘山

欲访招提①境，巉岩②缓著鞭。
野花藏细路，乱石出新泉。
鸟自云中下，僧从谷口还。
晚来禅院宿，应遇赞公贤。

钝宧曰："太素号幻园居士。"

①招提：梵语。初为四方之意，后为寺院之异名。
②巉岩：险峭的岩壁。

和居士雨后过南院韵

霢霂①雨纵止，峥嵘云势奇。
好风吹细麦，落日在疏篱。
远寺暮钟动，深林棲鸟迟。
清歌一长啸，独立欲何之。

①霢霂：小雨。

秋　夜

开窗对明月，敛膝①抚幽琴。

虫语三更促，西风一夜深。

寒蝉咽清露，老树抱秋心。

会得泠然②趣，高怀托古音。

①敛膝：敛，收缩。收膝。

②泠然：轻妙貌。语出《庄子·逍遥游》"夫列子御风而行，泠然善也。"

题王蒙①《关山萧寺》画

霜气净林陬②，寒鸦集戍楼。

江关枫树老，岁月画屏秋。

返照见萧寺，乱山生暮愁。

河间题句好，珍重墨林收。

①王蒙：明湖州人。敏于文。工画山水人物。洪武初知泰安州事，坐事被逮，瘐死。

②陬：角落，山脚。

题陈松涛《女史》画

一

江南江北草如烟，凉在微青澹墨边。

三十六陂春水阔，柳花飞满钓鱼船。

二

吴江秋色上渔船，罾网初收夕照边。

一片枫林穿落日，最深红处起秋烟。

兰云《菱寝楼笔记》一则

况周颐　夔笙

　　曩阅某词话云："本朝铁岭人词，男中成容若，女中太清春，直窥北宋堂奥①。太清春《天游阁诗》写本，岁己丑，余得于厂肆地摊。词名《东海渔歌》，求之十年不可得，仅从沈善宝《闺秀词话》中得见五阕②，录其四如左。忆与半唐同官京师时，以不得渔、樵二歌为恨事。朱希真《樵歌》及《东海渔歌》也。余出都后，半唐竟得《樵歌》付梓。而《渔歌》至今杳然。就令它日得之，安能起半唐与共赏会耶？此余所为有椎琴之痛也。"

　　①堂奥：谓深邃之处。言不入门不能升堂，不升堂不获窥奥者。语出《闻见前录》"皇极经世，以太极为堂奥，乾坤为门户。"
　　②自注："钱塘人，武凌云室有《鸿雪廔词》。"

　　按：此处所录四首词，《东海渔歌》补遗已录，为避免重复，故删去。

东海渔歌

《东海渔歌》序

　　丁丑春，老友庆博如先生出示国朝闺秀顾太清《天游阁诗集》，因而录之。集后附词四阕，有况夔笙笔记称："太清词集名《东海渔歌》，求之，逾十年不得。"予窥见一斑，更思睹其全豹，向往之殷，殆同况氏，然亦无从寻觅也。庚辰六月，表弟张霂卿于齐君景班斋中，假得《东海渔歌》词，为蕙风排印本，嗣又得朱彊村抄本《渔歌》一卷。况氏称四卷缺第二卷，附补遗五阕，朱氏本适足补卷二之缺。数日之间，于况氏未曾梦见者一并见之，可谓有美必合者矣。于是尽两日工录副以归之。因念缥缃易散，已少留传，竹简久磨，颇难寻觅，忍使既合之璧，随故国以飘零，遗世之编，作空山之风雨也哉。爰用聚珍板合印一通，以贻海内同好，并以太清轶事数则附诸卷首，以资尚论。传闻日本铃木博士藏有《渔歌》六卷。况氏疑《闺秀词话》所载之五阕是编入第二卷者。今考钞本中与补遗重见者只二阕，余三首未载入。又《天游阁集》有《柳枝词》十二首，冒钝宧注称："此十二首有太清朱笔自注，此词移入《东海渔歌》集。"今此四卷中亦未见此十二首，是此外犹有遗帙也。海外有《渔歌》六卷，其信然欤！尚冀旦暮遇之，俾成足本，是又予所私幸者也。

　　辛巳首夏，王佳寿森序于竹西小隐。

《东海渔歌》原序

　　光绪戊子、己丑间，与半塘同客都门，于厂肆得太素道人所著《子章子》及顾太清春《天游阁诗》，皆手稿。太清诗楷书秀整，惜词独阙如。其后仅得闻《东海渔歌》之名。或告余手稿在盛伯希处，得自锡公子。或曰文道稀有传抄本，求之皆不可得。思之思之，二十年于兹矣。癸丑十月，索居海隅。冒子瓯隐自温州寄《东海渔歌》来。欹床秉烛，雒诵竟卷，低回三复而涵泳玩索之。太清词得力于周清真，旁参白石之清隽。深稳沉着，不琢不率，极合倚声消息。求其诣此之由，大概明以后词未尝寓目，纯乎宋人法乳，故能不烦洗伐，绝无一毫纤艳涉其笔端。曩阅某词话谓：铁岭词人顾太清与纳兰容若齐名，窃疑称美之或过。今以两家词互校，欲求研秀韶令，自是容若擅长；若以格调论，似乎容若不逮太清。太清词，其佳处在气格，不在字句，当于全体大段求之，不能以一二阕为论定，一声一字为工拙。此等词无人能知，无人能爱。夫以绝代佳人，而能填无人能爱之词，是亦奇矣！夫词之为体，易涉纤佻。闺人以小慧为词，欲求其深隐沉着，殆无一二焉。吾友南陵徐君乃昌，刻《闺秀词》至百家。旁搜博采，几于无美不臻，而唯太清词未备，亦遗珠之惜也。末世言妖竞作，深文周纳，宇内几无完人。以太清之才之美，不得免于微云之滓，变乱黑白，流为丹青。虽在方闻骚雅之士，或亦乐其新艳，不加察而扬其波。亦有援据事实钩考岁月，作为论说，为之申辩者。余则谓言为心声，读太清词可决定太清之为人，毋庸断断置辩也。余有词癖，唯半塘实同之。曩在京师，搜罗古今人词，以不得渔樵二歌为恨事，宋朱希真《樵歌》及《东海渔歌》也。顷余出都后数年，半塘乃得《樵歌》刻之。今又十数年，而余竟得《渔歌》，而半塘墓木拱矣！嗟乎，一编幸存，九原不作。开兹缥帙，能无怊怊以悲耶！《东海渔歌》凡四卷，缺第二卷。曩阅沈女士善宝《闺秀词话》，得太清词五阕，录入《兰云菱梦楼笔记》。今此三卷中适无此五阕，当是编入第二卷者。则是第二卷亦不尽缺。惜乎不得与半塘共赏会也。

　　上元癸丑仲冬，桂林况周颐夔笙序于海上寓庐。

太清轶事

栖霞阁野乘：奕绘，号太素。为荣恪郡王绵亿之子。封贝勒，有《明善堂集》。侧福晋即太清西林春，著《天游阁集》者也。太清姓顾，吴门人，才色双绝。贝勒性爱才，坐客常满。其管宗人府时，龚定庵为宗人府主事，常以白事诣邸中。贝勒爱其才，尊为上宾。由是得出入府第，与太清倡和。太清尝与贝勒雪中并辔游西山，作内家装于马上拨铁琵琶，手白如玉，见者咸谓王嫱重生。又贝勒所作词名《西山樵唱》，太清词名《东海渔歌》。（孙静庵）

书太清事：太素贝勒奕绘，荣纯亲王永琪之孙也，结识名流。侧室太清氏，才华绝世，所为词曰《东海渔歌》，与贝勒之《西山樵唱》取名对偶。闺房韵事，堪媲赵管。乃世传龚定庵自珍事，多涉及之，且有举定庵诗词以证之者，语殊无据。定庵文人，狂放不羁，或其幻想偶寄，因成萤语。市虎三人，流为掌故，与易安居士相同。至其身世，尤传说纷纭。或言铁岭，或谓吴越，莫衷一是。而其所以名西林春，知者尤鲜。太清本鄂文端曾孙女，西林觉罗氏。幼经变故，养于顾氏。被选为侧福晋。贝勒卒后，抚孤成立。杨鉴资姻叔①云：某公髫龄，曾亲见之。今墓在西山南谷，附于太素贝勒园寝。贝勒后人桓公名煦。②

《小三吾亭词话》：幼遐论词，尝以不得见渔、樵二歌为恨。谓朱希真《樵歌》及顾春《东海渔歌》也。顾春，字太清，为贝勒奕绘侧室。论满洲人词者，有男中成容若，女中太清春之语。去夏，余从后斋将军假得《明善堂诗》，曾刺取太清春遗事，赋六绝句。今年，乃得见《东海渔歌》③。惜幼遐客死扬州，不获共欣赏也。（冒广生）

《小三吾亭诗集》：《读太素道人〈明善堂集〉，感顾太清遗事，辄书六绝句》云："如此佳人信莫愁，出身嫁得富平侯。九年占尽专房宠④，四十文君悦白头⑤。"其二："一夜瑶台起朔风，影残金锁泪珠红。秦生晚遇潘生死⑥，肠断天家郑小同⑦。"其三："写经亲礼玉皇前⑧，偷剪黄绡便学仙⑨。不画双成伴王母，石榴可惜早生天⑩。"其四："信是长安俊物多，红禅词句不搜罗。淮南别有登仙犬，一唱双鬟奈若何⑪。"其五："貂裘门下列衣冠⑫，词到欢娱好最难。匆匆不知春料峭，水晶帘外有天寒。"其六："太平湖畔太平街⑬，南谷春深葬夜来⑭。人是倾城姓倾国，丁香花发一低回。"（冒广生）

《雪桥诗话》三集，潘绂庭先生《赠子章贝勒奕绘》云："昨承高轩过，今登大雅堂。诗宗韩吏部,篆学蔡中郎。爱士论真品,观书味古香。玉台仙眷属,韵事共流芳。"谓太清夫人工诗画也。太清顾氏,字子春,有集。贝勒为荣纯亲王孙。荣府尝自制真松烟墨,光黑,迥异徽制。姚文僖诗:"荣王好古法古制,支灶爇松成麝气。千槌万杵苦费功,工多质良自矜贵。持磨古砚昵相受,浓不增胶清自黝。含睛点漆妙各臻,元乌玉金世稀有。"(杨钟羲)

《彊村词》前集《好事近·九日坐天游阁》云:"短发渐飘萧,欹帽轻飙无力。强与风光流转,欠黄花消息。绕池行怯晚寒生,薄酒那禁得。一带苍山无语,是谁家秋色。"(朱祖谋)

《天咫偶闻》:八旗人才,国初最盛。乾嘉而后,已少逊矣。余思辑刻八旗人著述,曾记书目一纸,闺秀著作内有顾太清《子春集》。(震钧)

《天游阁集注》:少时,闻外祖周季况先生星诒言太清遗事綦详。余尝取太清遗事赋六绝句,嘉兴沈子封提学曾桐亟嗟异之。今年春,黄陂陈士可参事毅得此册于厂肆,凡诗五卷,阙第四卷;词四卷阙第二卷。太清姓顾。或曰吴人,或曰顾八代之裔。(冒广生)

《啸亭续录》:贝勒喀尔楚珲宅,在太平湖,今为荣亲王府。(汲修主人)

光绪《顺天府志》:太平湖有荣亲王府。王讳永琪,高宗五子。谥曰纯。今为醇亲王府[15]。

《天游阁集注》:南谷在永定河西,大房山东,后为太清葬处。太素词名《南谷樵唱》,盖与《东海渔歌》配。(冒广生)

《天游阁集》:戊戌七月七日,先夫子薨逝后,意不为诗。十月二十八日,奉堂上命,携钊、初两儿,叔文、以文两女,移居邸外,在西城养马营赁房数间暂居。

《天游阁集》:己亥七月七日,谒南谷诗自注:南谷丙舍,有大安山堂、霏云馆、清风阁、红叶庵、大槐宫、平安精舍,皆夫子度其山势,因其树木而构之,并题额赋诗。予每从游,皆宿于清风阁。夫子欲为百年计,南谷花木果蔬、牛栏、豕棚皆有诗,见《明善堂·流水编》。

《国朝闺秀正始集》:顾太清,字子春。汉军人,多罗贝勒奕绘侧室。有《子春集》。(恽珠)

《清词玉屑》:太清春,吴人,侍太素为侧室。每相从,并辔游山,于马上抱铁琵琶,宛然王嫱图画。所作词亦多。太清又善画,近见其杏花小帧,盖道光丁酉八月,追忆山南野渡杏花而作。春明词侣,各有题咏。(郭则沄)

《南谷樵唱》,《题天游阁·浣溪沙》三阕云:"画栋朱楹百尺楼,肇锡大字写天游,乾坤物我共悠悠。说法题诗双有益,焚香酿酒百无忧,胜他憔悴一生愁。"其二："此日天游阁里人，当年尝遍苦酸辛。订交犹记甲申春，旷劫因缘成眷属。半生辞赋损精神，相看俱是梦中身。"其三："万卷天游阁里书，搜罗禹穴拾秦余。时贤乡愿笑吾徒，泰岳残碑新句读。玉皇心印碎珍珠，浮云舒卷任空虚[16]。"

①自注："名涑，雪桥老人钟羲哲嗣。"

②自注："曼殊启功元伯，案恒煦号纪鹏，藏有太清听雪图卷。"

③自注："凡四卷，缺第二卷。"

④自注："妙华夫人以道光庚寅年七月逝。"

⑤自注："太清与太素同生于嘉庆己未。《明善堂诗》编至戊戌。则太清之寡恰四十齐头矣。"

⑥自注："秦潘皆医也。"

⑦自注："太清于道光甲午正月五日生子，因与己同日，故名同。是年十二月以痘殇。"

⑧自注："太清曾集《玉皇心印经》为五言诗四首。"

⑨自注："太清有道装小像。道士黄云谷所画。"

⑩自注："石榴，太清侍婢名。早卒。"

⑪自注："双纍，太清所蓄犬也。双纍病，太清拈一字，与之拈得福字。众皆曰：'吉。'太清曰：'不祥也。是示一口田耳。'太素有《金缕曲》云：'示一口田埋薄命'即用本事。"

⑫自注："'彩服庭前儿女，貂裘门下衣冠。'太清春镫词也。"

⑬自注："邸西为太平湖，邸东为太平街。见太素上元侍宴诗注。"

⑭自注："南谷在大房山东，太素与太清葬处。"

⑮自注："案太素诗，有'太平湖巷吾家住，车骑翩翩侍宴还'句。又自注云：'邸西为太平湖，邸东为太平街。'"

⑯自注："奕绘原注：太清曾集《玉皇心印经》残字，为五言四章。近予又得秦泰山石刻百十四字，亦集为诗。"

《东海渔歌》题词

绮 罗 香

徐德培 南村

《东海渔歌》向缺第二卷，寿君幼卿为之补印，属作一词代序。

饮水①开场，樵风②结局，占尽胜朝词史。一笛渔歌，宛似中峰突起。记当年、马上铜琶，挥葱玉、声凄雁水。甚稿砧③，都属银潢④，易安而后此居士。　　遗编零落何处？差幸浦珠津剑⑤，合成双美。妙笔镂冰，想象皓衣朱邸。只海棠、旧馆云迷。料万树，燕支香萎。最难忘、一握秋纨，匆匆失交臂⑥。

①饮水：清纳兰性德词集名《饮水词》。
②樵风：词集名。
③稿砧：亦作"稿椹"。《名义考》："古有罪者，席稿伏于椹上，以铁斩之，言稿椹则兼言铁矣。铁与夫同音故隐语稿椹为夫也。"此指太清嫁夫奕绘。
④银潢：此指宗室。即奕绘，为荣恪郡王绵亿之子，封贝勒。
⑤浦珠津剑：合浦珠还与剑落津，二故事都喻珍宝失而复得。
⑥自注："数日前，曾于冷摊上见太清画箑一，以谐价未果，失之。"

洞 仙 歌

庆珍 铁梅

芸编兰畹①，劫来无遗帙。忍便骊珠沧溟掷②。有竹西③高隐，花外情怀，展向人间词客。　　风流驹过隙④，神往承平，南谷联吟锦鞍侧。怅旧迹尘飞，故国春残。更谁见、游骖如织。幸绮句重听唱红闺，尽足慰清斋，十年萧寂。

①芸编兰畹：芸编，书的别称。古人藏书多用芸香驱蠹虫，故称书籍为芸编。兰畹，兰圃是香气荟萃之地。芸编、兰畹均指《东海渔歌》为汇集顾太清佳作之书。
②骊珠沧溟掷：骊珠，喻《东海渔歌》词集；沧溟，此指大海。此句说《东海渔歌》这颗"骊珠"像被丢进大海一样，几乎失传。

③竹西：竹亭，又名歌吹亭，在今江苏扬州市。

④驹过隙：喻时光易逝。比喻光阴迅速。

两 同 心

伊既明

阆苑仙葩①，天潢贵族②。渔樵唱和忒多情，琵琶马上风流独。欢娱岁月几何时，秋风南谷。　　剩者卷沧桑录，清于片玉。宋贤心印印芳心，个中感慨留人读。喜竹西雅振词坛，重扬芬馥。

①阆苑仙葩：阆花，传说中神仙住处。多用指宫苑。仙葩，喻顾太清。

②天潢贵族：天潢指皇室。此指顾太清之夫奕绘。

庆 清 朝

张润普　虹南

漱玉①音稀。生香②梦杳，空留纸上啼痕。徘徊百年，词笔独诩③红裙。回首苍岩玉辔，明妃④画里是前身。欣眉妩，鸥波⑤比翼，盛世王孙。　　渔屋老樵影歇，问神州沈陆，何处寻春？传来宗潢，锦绣都幻飞云。羡逸庵狂客更，重张珊网⑥聚遗珍。借梨枣⑦，幽潜阐发，矜式朱门。

①漱玉：宋代女词人李清照的词集名《漱玉集》，后人常称其为漱玉。

②生香：清代诗人陈浩的诗集名《生香书屋稿》。

③诩：说大话，夸耀。

④明妃：即王昭君。汉元帝宫人，王嫱。晋人避司马昭讳，改称明君，后人又称明妃。

⑤鸥波：鸥鸟翱翔水面，喻生活悠闲自在。

⑥珊网：以铁网取珊瑚，喻搜求人才或奇珍异宝。

⑦梨枣：旧时多用梨木、枣木刻版印书，故以"梨枣"为书版的代称。

解连环·辛巳

梁启勋　仲策
题顾太清《渔歌》

　　风檐燕语,雕阑小立,玉阶平步。最堪忆、红雨轩前,记香径锦茵,绣衣行处。柳絮儿童,破长日、一庭清午。喜相逢未嫁,烛妒镜怜,暗香飞度。　　　流光掷人最苦。笑红绵不冷①,情寄牛渚②。问铁板③、谁是元戎④,恐击碎珊瑚,让伊眉妩。袖墨淋浪,谢词客、重翻箫谱。按伊凉、杜娘旧曲,缓歌慢舞。

①红绵不冷:木棉树在较寒的季节照样开鲜艳花。绵同棉。

②牛渚:又名牛渚圻。在安徽省当涂西北长江边。

③铁板:唱曲时用的铁板或铜琶。

④元戎:将军。

《东海渔歌》卷一

醉 蓬 莱

和黄山谷①

看秋山万叠，晓日曈昽②，参差相倚。画栋珠帘，卷高空清丽。老桂香浓，洞箫声远，作瑶池佳会。露缀花梢，风摇鬟影，夜来凉意。　　此景人间，几曾得见，月拥寒潮，无边云水。满酌天浆，宴鸿都③道士。秘诀长生，沧桑变化，对绮筵罗袂。尘世纷纷，残棋一局，谁非谁是？

①黄山谷：宋代词人，名庭坚，字鲁直，号山谷道人，又号涪翁。分宁（今江西修水）人。江西诗派宗师。传世作品，诗有《山谷诗》，词有《山谷琴趣外篇》。

②曈昽：天色微明貌。

③鸿都：指仙府。

念 奴 娇

和姜白石①

湖亭依旧，记从吾游者，二三仙侣。今日莲花开已遍，翠盖②团团无数。荷露烹茶，碧筒吸酒，又听萧萧雨。远山遮尽，片云应是催句。　　欲暮白鹭③成行，避人沙渚④，拍拍冲天去。争忍⑤西风容易落，怕见断烟寒浦。菰米⑥随波，红衣坠露，花里谁能住。明灯双桨，笙歌一派归路！

①姜白石：宋代词人，名夔，字尧章，号白石道人，饶州鄱阳（今属江西）人。其词格律严密，字句雕琢，风格清妙秀远。传世作品有《白石道人诗集》《白石诗说》等。

②翠盖：此指荷叶。

③白鹭：亦称"小白鹭"，多见于我国长江以南各地和海南岛。

④沙渚：水中间的小块陆地，即沙洲。

⑤争忍：怎忍。怎能禁受。

⑥菰米："菰"，禾本科植物，多年生，生浅水中，梗高五六尺，叶似蒲苇。春时，中心生嫩芽像笋，可吃，称茭白。秋天结实如米，可做饭，亦称雕胡米。杜甫《秋兴》诗："波漂菰米沉云黑，露冷莲房坠粉红。"

洞 仙 歌

和刘一止①《苕溪词》

月明风静，问此时谁晓？雪后初开一枝好。爱孤山踪迹，千树横斜，临碧水，十里湖光冷照。　逋仙②归去后，依旧黄昏，疏影婷婷为谁妙。花外两三家，茅舍竹篱，断桥边，诗情空老。任南北，枝头暖相催。听玉笛声中，吹来多少？

①刘一止：宋归安人。字行简。诗寓意高远，自成一家。有《苕溪集》。
②逋仙：北宋诗人林逋。他隐居西湖孤山二十年，足不及城市，自为墓于庐侧，终身不仕，亦不婚娶。所居植梅蓄鹤，世称其"梅妻鹤子"，目之为仙人。

水 调 歌 头

和周紫芝①《竹坡词》

急雨响岩壑②，林木暗濛濛。山楼四面风满，一线电光红。雨过长天如洗，收尽无边烦暑，湿气润高峰。坐对东山月，清影落怀中。　邀明月，酌美酒，共山翁。不妨谈笑尊前，歌舞且从容。老去心情依旧，莫负良辰好景，去日不能重。风月不到处，天地古今同。

①周紫芝：宋代词人，字少隐，自号竹坡居士，宣城（今属安徽）人。所作《竹坡诗话》广有流传。传世作品有《太仓稊米集》。
②岩壑：山谷。

雨　霖　铃

和柳永①《乐章集》

情深语切。奈关河远，去去难歇。离愁正苦未尽，东方欲曙，雄鸡催发。相送小桥流水，更霜气寒噎。渐天外、西北峰头，晓日明明照空阔。　　登高望远空伤别，又匆匆、过了黄花节。思量著愁何处？难拘管、断肠风月。满目秋光，只恨重山叠嶂②谁设。便织尽、锦字回文③，空向盘中④说！

①柳永：宋代词人，原名三变，字耆卿，崇安（今属福建）人。其词多用俚俗语言反映中下层市民的生活面貌，尤其着重在写妓女和浪子，因此曾风靡一时，"凡有井水饮处，即能歌柳词"。传世作品有《乐章集》。

②叠嶂：重叠的山峰。

③锦字回文：十六国时前秦女诗人苏蕙，武功（今陕西）人。夫窦滔，符坚时为秦州刺史，后以罪徙流沙。苏蕙思念窦滔，织锦为《回文旋玑图诗》以寄。一说，符坚以滔为安南将军，镇襄阳。滔携宠姬赵阳台往，蕙不肯同行，滔竟与之断音讯。蕙自伤，因织锦为回文诗以寄。滔感动，迎她往襄阳，而归阳台于关中。

④盘中：盘中诗，杂体诗名。题苏伯玉妻作。作品时代未详。诗中叙述伯玉使蜀，久不归，其妻于长安作此诗以寄，诉思念之情。

木　兰　花　慢

和张孝祥①《于湖词》

天高风露冷，念仙子，倚琼楼②。问云窗雾阁，朱栏翠幔，好景谁收。玉箫歇霓裳③散，恨宝奁④、空掩暗增忧。照影自临清浅，满身花影同流。　　疏钟霜杵韵悠悠，柏叶炷香篝⑤。记草色连天，花光似雾，历历前游。逍遥身心物外，渺沧波、流尽古今愁。独立莲花峰顶，下看九点齐州⑥。

①张孝祥：宋代词人，字安国，号于湖居士，历阳乌江（今安徽和县）人。其诗、文、词，以雄丽著称。有《于湖居士文集》《于湖词》传世。

②琼楼：形容瑰丽的建筑物，古人常指所谓仙界的楼台。

③霓裳：《霓裳羽衣曲》的简称。此指《霓裳羽衣舞》。

④宝奁：珍贵的镜匣。古代妇女梳妆用具。

⑤香篝：指熏笼。

⑥九点齐州：即齐烟九点。李贺《梦天》诗："遥望齐州九点烟，一泓海水杯中泻。"齐州，指九州。犹言中国。

满 江 红

和张元幹①《芦川词》

绿惨红愁，东风里、杜鹃声恶。春去也、小楼人寂，雨声偏作。弱柳难将春思系，泪珠长向花前落。问天涯、归梦几时来，随风泊。　　春寒重，罗衣薄。音书断，情无著。对残灯顾影，共谁斟酌。昨夜雨晴知骤暖。等闲负了三春②约。卷珠帘、一望碧天长，山如削。

①张元幹：宋代词人，字仲宗，长乐（今福建闽侯）人。自号芦川居士，其词长于抒发悲愤，风格豪壮。作品有《芦川归来集》《芦州词》。

②三春：此当指春季的第三个月，暮春。正与前文"春去也"照应。

霜 叶 飞

和周邦彦①《片玉词》

萋萋②芳草。疏林外，月华初上林表③。断桥流水暮烟昏，正夜凉人悄。有沙际、寒蛩④自绕。星星三五流萤小。见白露横空，那更对、孤灯如豆，清影相照。

昨夜梦里分明，远随征雁，迢递⑤千里难到。西风吹过几重山，怅故人怀抱。想篱落、黄花开了，尊前谁唱凄凉调。应念我、凝情处，听雨听风，恨添多少？

①周邦彦：宋代词人，字美成，号清真居士，钱塘（今浙江杭州）人。其词多写男女之情，字句雕琢精工。有《清真集》，已佚。今存《片玉词》。

②萋萋：草长茂盛貌。

③林表：指林树的末梢。

④寒蛩：深秋时节的蟋蟀。

⑤迢递：远貌。

金 缕 曲

和吴梦窗①词

绝顶春风早。见无边、红英②绛萼，满枝花好。枝上黄鹂飞过处，认取重来路杳。此寂寂、洞天谁到。十二栏干人倚遍，衬云容山色真容貌。启窗户，对清照。　　月华乍吐东山小。澹银河、流云几缕，疏星多少？翠被难禁春宵冷，况值游仙梦了。尚残烛、灯花袅袅③。不是管弦歌舞地，更何须蜀锦花缠帽。晨雾敛，世间晓。

①吴梦窗：宋代词人，名文英，字君特，号梦窗，晚年又号觉斋，四明（今浙江宁波）人。其词内容比较狭窄，但艺术造诣突出。有《梦窗词》甲乙丙丁四稿。

②红英：指红花。

③袅袅：此指摇曳貌。

满 庭 芳

和蔡伸①友古词

白玉栏杆，绿杨庭院，果然几净窗明。珠帘高卷，花雨散红英。上下双飞燕子，东风里、巧转轻迎。连环冷，红珠斗帐，春睡惜娉婷。　　梦中。多少路，山长水远，渺渺魂惊。怕情深易感，又惹离情。总有青鸾②消息，书不尽、枉自叮咛。终难遇，霓旌③翠盖，空许愿三生。

①蔡伸：宋代词人，字伸道，号友古居士，莆田（今属福建）人。其词铺叙详赡，语言精练。今存《友古词》。

②青鸾：青鸟，传说中传递消息的使者，侍西王母。《汉武故事》："王母至，有二青鸟如鸟，夹侍母旁。"李商隐《无题》："逢山此去无多路，青鸟殷勤为探看。"

③霓旌：相传仙人使用的云霞之旗。《楚辞·九叹》："举霓旌之墆翳兮。"

壶 中 天 慢

和李清照①《漱玉词》

东风吹尽，便绣箔②重重，春光难闭。柳悴花憔留不住，又早清和天气。梅子心酸，文无草长，尝遍断肠味。将离开矣，行人千里谁寄。　　帘卷四面青山，天涯望处，短屏风空倚。宿酒新愁浑未醒，苦被鹦哥唤起。锦瑟调弦，金钗画字，说不了心中意！一江烟水，试问潮信③来未？

①李清照：宋代女词人，号易安居士，齐州章丘（今属山东）人。其词曲折含蓄，韵味深长，"别是一家"。后人有《漱玉词》《李清照集》。
②绣箔：绣帘。
③潮信：潮水涨落有定时，故称潮信。

忆 江 南

题唐伯虎①画江南水村五首

一

江南好，春草满芳洲。山上孤亭才落日，门前高柳系归舟。童子曳双牛。

二

江南好，云影接山光。负米人行莎草径，论文客座读书堂。晚饭菜根香。

三

江南好，桑柘一村村。万点鸭儿浮远岸，几家稚子候柴门。风雨近黄昏。

四

江南好，如练暮江清。绕屋兼葭②秋露白，对门丘壑晚山明。闲话豆花棚。

五

江南好，明月绿杨梢。茅舍孤灯犹夜织，板桥流水暗生潮。渔火一星遥。

①唐伯虎：明代诗人，画家，兼善书法，名寅，字伯虎，一字子畏，号六如居士，吴县（今江苏苏州）人。绘画工山水，擅长人物仕女。其词不拘

成格，多写闲情琐事。有《六如居士全集》。

②蒹葭：指芦苇一类植物。

飞雪满群山

梨 花

积雪魂轻，停云香腻，朦胧酿作微阴。粉墙低覆，东风斜倚，晚来丝雨沉沉。梁间闻细语，睡不稳，乌衣素襟①。玉容寂寞，霓裳舞倦，芳事者番②深。　增妩媚，一枝凝泪眼，爱冰姿绰约，特费清吟。婷婷标格③，溶溶院落，春宵一刻千金。夜凉初过雨，栏杆外，轻寒不禁。月明人静，澹烟流水无处寻。

①乌衣素襟：指燕子，因燕背黑腹白，故称。

②者番：这回。

③标格：犹言风范。杜甫《赠李八丈》诗："早年见标格，秀气冲星斗。"

浪 淘 沙

偶 成

人世竞无休。驿马耕牛。道人眉上不生愁。闲把丹书窗下坐，此外何求？　光景去悠悠。岁月难留。百年同作土馒头①。打叠②身心安稳处，顺水行舟。

①土馒头：即"土馒头"，指坟。

②打叠：犹言安排。

鹧 鸪 天

为孟文郡君写冬花小幅并题

窗外寒梅报早春。山茶红绽十分新。宓妃小试凌波袜①，意态由来画不真。　天上果，世间因。花枝常对玉堂人②。夜来睡起含章殿③，疏影婷婷是化身④。

① 宓妃：伏羲氏女，相传溺死洛水，遂为洛水之神。凌波：形容女性走路时步履轻盈。曹植《洛神赋》写宓妃，有"凌波微步，罗袜生尘"之语。

② 玉堂人：泛指妃嫔佳丽。

③ 含章殿：汉宫殿名。

④ 批语："咏花四阕，极合宋词消息。若多看近人词，一中其病，便不能如此纯粹。"

定 风 波

水 仙

翠带仙仙①云气凝。玉盘②清露泻金精。最是夜深人入定③，相映。满窗凉月照娉婷。　　雪霁江天香更好，缥渺。凌波难记佩环声。一枕游仙轻似絮，无据。梦魂空绕数峰青。

① 仙仙：此指水仙轻盈貌。

② 玉盘：比喻团圆的明月。

③ 入定：此指人们睡意正浓。

入 塞

盆 梅

好花枝。正清香，欲破时。似霓裳一曲，奏罢下瑶池。红也宜，白也宜。　　小楼夜凉月影移。短屏山，衾冷梦迟。洞天深处护冰姿。蜂不知，蝶不知。

玉 连 环 影

灯下看蜡梅

琐琐①三五黄金颗。为爱花香，自起移灯坐。影珊珊，舞仙坛。蜡瓣檀心②，小样道家冠。

①琐琐：此指细小貌。
②蜡瓣檀心：蜡瓣，花瓣莹洁如蜡。檀心，浅红色花心。苏轼《蜡梅一首赠赵景贶》："君不见，万松岭上黄千叶，玉蕊檀心两奇绝。"

桂　殿　秋

题　画

清露下，月明中。凤凰栖老碧梧桐。吹箫仙子凌风①去，十二楼台花自红。

①凌风：乘风。谢朓《直中书省》诗："安得凌风翰，聊恣山泉赏。"

水　龙　吟

题张坤鹤老人小照，用白玉蟾《采药径》韵

洞门深锁烟霞，苍苍不断松杉翠。芝田采遍，玉颜常驻，何曾落齿。海上当年，羽衣宝髻，凤箫清吹。记蓬莱旧景，餐花饮月，经多少，仙家事。　　渺渺长途无际，笑世间、临歧①挥泪。清风两袖，飘然到处，此生如寄。七十年华，双眸炯炯，照人姿媚！信谷神不死②，逍遥物外，一瓢云水。

①临歧：到歧路之处。此指分别。
②谷神：即老子对"道"的称呼。万物可以消灭，"道"是永存的；万物有尽，"道"是无尽的。亦即"谷神不死"。

卖　花　声

像生花①

竹篦②盛来多少，像生花卉。小年时、东风才至，街头遍卖，趁闹蛾③天气，问封姨④此情知未。　　谁家妙手，特把春光游戏。剪吴绫⑤点金帖翠。一声清唱，

有绣帘揭处，早惊回绿窗人睡。

① 像生花：假花。

② 竹篦：竹篾编成的盛零碎东西的器具，较小而深，如篓儿。

③ 闹蛾：古代妇女于初春（元旦）时剪彩为花或蛱蝶、草虫等戴在头上的饰物。亦称闹嚷嚷。

④ 封姨：古代传说中的风神。

⑤ 吴绫：丝织品，绫的一种。《新唐书·地理志五》："明州，余姚郡……土贡吴绫。"盖唐时吴绫已非吴郡特产。

最 高 楼

题钱元昌①山水

群峰合，天际涌青莲，飞瀑界中间。长桥跨水通幽处，悬崖结屋伴神仙。山出云，云渡水，水环山。

问谁凿、磐陀②依断岸。又谁种、长松临陡涧。非人力，必天然。林深叶密不知路，山深日冷不禁寒。近黄昏，岚气③作，罩峰巅。

① 钱元昌：清代画家，字朝天，号梦堂，又号一翁，海盐（今属浙江）人。工诗善书画，少即以"三绝"名闻京师。

② 磐陀：迂回层叠的山石。

③ 岚气：山林中的雾气。

鹧 鸪 天

九 日

九日登高眼界宽，菊花才放小金团。縠纹①细浪参差水，佛髻青螺大小山。 人易老，惜流年，茱萸②插帽不成欢。西风那管离情苦，又送征鸿③下远滩。

① 縠纹：縠，有皱纹的纱。此指水微波。

②茱萸：植物名。有强烈芳香。古人有重九登高，头插茱萸之俗。

③征鸿：远飞的大雁。

迎 春 乐

乙未新正四日看钊儿等采茵蔯①

东风近日来多少，早又见、蜂儿了。纸鸢几朵浮天杪②，点染出、晴如
扫。　　暖处有、星星细草，看群儿、缘阶寻绕。采采茵蔯茉莒③，提个篮儿小。

①茵蔯：多年生草本植物，叶成丝状，花绿黄色，有香气，可入药。

②天杪：杪，树枝的细梢。天杪，指天末。

③茉莒：车前草。

太 常 引

人日立春

东风吹暖入新年。七蕨叶、五辛盘①，人日立春天。双彩胜②、金钗并
悬。　　流光似水，风花无定，欢乐记从前。羞向镜中看，衰容现，丝生鬓边。

①七蕨叶：菜名。荠之别种。一名马辛，其叶细。五辛盘：古时元旦、
立春时用葱、韭等五种辛辣食物的盘子，表示迎新。

②彩胜：古代立春日用有色绢、纸剪成小幡或其他饰物，叫作彩胜。插
于发上或系在花枝上表示迎春，并互相馈赠。后来成为节令的装饰物。

长 相 思

咏双玃①佩

大玃欢，小玃欢，白玉裁成两个玃。常随佩带间。　　肱相连，股相连，
肱股相连心自安。君臣父子全。

①獾：亦称"猪獾"，此指玉制饰物。

鹊 桥 仙

梦石榴婢①

一年死别，千年幽恨②，尚忆垂髫③初会。眼前难忘小腰身，侍儿里、此儿为最。　　悠悠往事，不堪回首，空堕伤心清泪。夜深时有梦魂来，梦觉后、话多难记。

①石榴婢：石榴，顾春侍儿的名字。婢，女奴。
②幽恨：潜藏心里之怨恨。
③垂髫：即垂发。古时儿童不束发，头发下垂。因称儿童或童年为垂髫。

定 风 波

拟 古

花里楼台看不真，绿杨隔断倚楼人。谁为含愁独不见①，一片。桃花人面可怜春。　　芳草萋萋天远近，难问。马蹄到处总消魂。数尽归鸦三两阵，偏衬。萧萧暮雨又黄昏②。

①"谁为含愁"句：唐沈佺期《古意呈补阙乔知之》诗："谁为含愁独不见，更教明月照流黄。"
②批语："饶有烟水迷离之致。"

苍 梧 谣

夫子以十金易得古玉笛一枝，且约同咏，先成《翠羽吟》一阕，骊珠已得，不敢复作慢词，谨赋《十六字令》，聊博一笑。

听，黄鹤楼中三两声①。仙人去，天地有余青。

① "黄鹤楼"句：李白诗句："黄鹤楼中吹玉笛。"

忆 秦 娥

二月十二闻角声

情萧索，啼鸦过尽春寒作。春寒作，春城十里，月明吹角。　　哀音一片伤凄绝，黄昏更觉东风恶。东风恶，深深庭院，重重帘幕。

醉 太 平

闻 雁

长鸣短鸣，何来雁声。翱翔律吕和平，发炎方①北征。　　人情物情，千年不更。云中谁计邮亭，趁东风去程。

①炎方：南方炎热之地。

海 棠 春

海 棠

扶头怯怯娇如滴，照银烛，千金一刻。叶补翠云裘，花缀胭脂色。　　华清浴罢疑无力，更生受，东君①护惜。亭北牡丹花，试问谁倾国②。

①东君：主宰春天之花神。
②倾国：古为称誉美人之词。这里指花的美色。上句"亭北"与此句倾国正应。李白《清平乐》："名花倾国两相欢，长得君玉带笑看，解释春风无限恨，沉香亭北倚阑干。"

醉 东 风

碧 桃

玉妃装卸，天上琼枝亚①，立尽东风明月下。露井初开昨夜。　　结伴阆苑飞仙，上清^②沦谪尘寰。萼绿华^③来无定，羽衣不耐春寒。

①枝亚：同"枝丫"。
②上清：道家三清之一，犹言仙境。
③萼绿华：传说女仙名。

临 江 仙

清明前一日种海棠

万点猩红将吐萼，嫣然^①迥出凡尘。移来古寺种朱门。明朝寒食了，又是一年春。　　细干柔条才数尺，千寻起自微因。绿云蔽日树轮囷^②。成荫结子后^③，记取种花人。

①嫣然：美好貌。
②轮囷：高大貌。
③旁批："自注末句用刘克庄种海棠词。"唐杜牧曾"佐宣城郡，游湖州"，识佳丽方十余岁，约十年后来典郡当纳之，后十四年杜牧任湖州刺史，而其已嫁人也，杜牧遂有诗曰："自恨寻芳去较迟，不须惆怅怨芳时。如今风摆花狼藉，绿叶成阴子满枝。"事见《唐才子传》等出。

步 蟾 宫

自题画扇

沉沉院宇闲清昼，惜春去、怕春消瘦。为花写出好精神，展纨素^①，粉融脂溜。　　微风不许丝儿透，看颜色，年年依旧。碧桃深处海棠开，低枝上，翠禽同宿。

①纨素：精致洁白的细绢，亦泛指丝织品。

乳　燕　飞

题昙影梦痕图①

情网丝丝绾②。问花神、飘香堕粉，是谁分判？才见花开花又落，不念惜花人悗。禁不得、猛风吹断。纵有游魂知旧路，奈匆匆、短劫韶光换。空怅望，海山远。　　优昙③那许常相伴。照慈帏、残灯尚在，梦回不见。十二碧城④缥缈处，去去来来如幻。倩好手、图成小卷。尘世自生烦恼障，暮年人、咄咄书空⑤唤。司花史，瑶池畔。

峰髻芙蓉⑥绾。月明中、翠崖千仞，洞门双判。若有人分翳⑦萝薜，绰约不胜哀悗。三十里、桃花红断。花不长红人命脆，才人间、十二星霜换。翛然⑧往，碧云远。　　揉蓝衫子当时伴。梦依稀、婆娑老泪，怎禁重见。写向图中疑是梦，梦醒谁真谁幻？空赚得、题诗盈卷。蓬岛昆仑嬉游处，料不闻、拍枕千呼唤。青青草，小坟畔。

①自注："孙静兰，许云姜之甥女也，十二岁殁于外家。外祖母许太夫人为作是图，题咏盈卷，遂次许淡如韵二阕。"

②绾：系。

③优昙：无花果树的一种。梵语的音译，义为吉祥。人死升入佛国，即与优昙相伴。这里说希望死者常回家来看外祖母。

④碧城：传说仙人所居之城。

⑤咄咄书空：《世说新语·黜免》："殷中军（浩）被废在信安，终日恒书空作字……窃视，唯作'咄咄怪事'四个字而已。"后用以形容使人惊讶的意外。

⑥峰髻芙蓉：即芙蓉冠子。

⑦翳：遮蔽。

⑧翛然：无拘无束貌。

法曲献仙音

题李世倬①画扇用《清真集》韵

云接层峦，天开画本，匹练千寻飞度。松柏阴森，苔莎②寂历，似有幽人门户。听乱石翻涛处，时时鸣骤雨。　　默无语，望长桥，盘陀立尽。云雾里，布袜青鞋无阻。缥缈玉烟霏，水风凉，涧莎柔妩。作画当年，忆龙眼③，研朱染素。写匡庐④真景，人与长风同去。

①李世倬：清代画家。字汉章，又字谷斋。隶汉军籍。工诗善画。擅长人物、山水、花鸟、果品。为清代画中十哲之一。
②苔莎：青苔和莎草。
③龙眼：李公麟，宋舒城人。自号龙眼居士。好古博学，书法名画。作书有晋宋风格。以画马得名，并专意佛像。
④匡庐：江西省庐山。

暗 香

谢云姜妹画梅团扇①，次姜白石韵

风枝霁色，胜临流万点，吹开羌笛。日暮何人，翠袖凌霜一枝摘。写出疏香冷韵，谁得似、琅嬛②仙笔。感昨日、团扇题诗，寄我伴吟席。　　南国。夜月寂。记庾岭五湖，千树堆积。昔游最忆。卅载相思梦魂隔。爱此冰纨小影，竹叶撼、一窗晴碧。剩点检、红箫谱，旧词证得。

①团扇：亦作纨扇。细绢制成。
②琅嬛：神话中天帝藏书处。

定 风 波

恶 梦

事事思量竟有因，半生尝尽苦酸辛。望断雁行无定处，日暮。鹡鸰原上①泪沾巾。　　欲写愁怀心已醉，憔悴。昏昏不似少年身。噩梦醒来情更怯，愁绝。鸟飞叶落总惊人。

①鹡鸰原上：鹡鸰，鸟名，一作"脊令"。《诗经·小雅·常棣》："鹡鸰在原，兄弟急难。"鹡鸰成群而飞，喻兄弟成群共处。

木 兰 花 慢

题长洲女士李佩金①《生香馆遗词》

生香孤馆在，只燕子，旧巢安。怅左华右竹，东张西角，梦噩难圆。歌残曼声金缕，剩五更寒月照啼鹃。满目幽花秀草，伤心落叶哀蝉。　　妒花风雨护花幡。憔悴损芳颜。有秋雁新诗，簪花法帖，种种销魂。无端多情多病，更多愁多怨费缠绵。一笑悬崖撒手，茫茫流水空山②。

①李佩金：清长洲女子。字纫兰。曾集古今女士书为簪花阁帖。

②自注："女士有《秋雁》诗四首，见《碧城仙馆集》。又尝集古今闺秀墨迹，为《簪花阁帖》刻石。又自制"左华右竹居"笺纸。"

凤凰台上忆吹箫

题《帝女花传奇》

散尽天花，现身为女，苕华十五芳年。奈才闻引凤，又赋离鸾。烽火汹汹朝市，经几许，雨偄风偰。最伤心、盈盈弱质，半臂刀瘢。　　萧然！维摩①丈室，辛苦托、慈云②一榻相安。耐晨钟暮鼓，春悄秋寒。受尽无边烦恼，消业障、天上人间。方能了，莲台③恁时，一笑因缘。

①维摩：佛名。即"维摩诘"。释迦同时人，亦作毗摩罗诘。义译无垢称，或作净名。曾向佛弟子舍利弗、弥勒等讲说大乘教义。

②慈云：佛家称佛以慈悲为怀，如大云之覆盖世界。

③莲台：佛座。佛座作莲花形，故名。

高 山 流 水

次夫子清风阁落成韵

群山万壑引长风。透林皋、晓日玲珑。楼外绿荫深，凭栏指点偏东。浑河水、一线如虹。清凉极，满谷幽禽嘹呖，翠霭溟濛。任海天寥阔，飞跃有无中。　　云容。看白衣苍狗①，无心出、变化虚空。细草络危岩，岩花秀妩日承红。清风阁，高凌霄汉②，列岫如童。待何年归去，泉石各疏慵。

①白衣苍狗：亦谓"白云苍狗"。喻世事变幻无常。
②霄汉：天空极高处。

金 缕 曲

题姚珊珊小像

何处春风面。画图中、云鬓鬌①，羽衣轻软。只有游魂招不得，难写寸心幽怨。丝不尽、春蚕在茧。离合神光空有梦，梦高唐，路杳情无限。阳台女②，更谁见？　　珊珊月下来何晚。是非耶、如闻怨曲，凤箫象管。公子凭虚卿薄命，对影徒增浩叹。好事者、新词题满。倩倩真真呼不应，惹相思海上三山远。人间事，本如幻③。

①鬓鬌：形容女子发髻下垂之美。
②梦高唐、阳台女：此典出自战国楚宋玉《高唐赋》序。楚王游高唐，梦巫山神女荐枕，神女化云雨于阳台。后遂以此事写男女之情，或写美女，幻化无端，变化莫测。
③自注："或谓凭虚公子姬人。"

琵 琶 仙

题琵琶妓陈三宝小像

豆蔻①梢头，恁年纪，值得量珠高价。休夸燕子轻盈，腰肢更娇妊。春院静，琵琶一曲，也应算、调高和寡。一镜湖光，十眉山色，花底游冶。　　恍疑是、苏小②当年，又疑是、秋娘③未曾嫁。脂粉底干赤白，被旁人偷写。争不似、月明溢浦④，抱檀槽、感动司马⑤。好称珠勒金鞍，许谁迎迓。

①豆蔻：喻少女。旧时谓女子十三四岁为"豆蔻年华"。
②苏小：文学故事人物。其说有二：一是六朝时南齐著名歌妓；另一是

宋代著名歌妓。

③秋娘：歌伎的通称。

④溢浦：即溢水，在江西省境。又名龙开河。即唐白居易浔阳江头听琵琶处。

⑤司马：官名。指江州司马白居易。

醉 桃 源

题墨栀子①团扇寄云姜

花肥叶大两三枝，香浮白玉卮。轻罗团扇写冰姿，何劳腻粉施。　　新雨后，好风吹，闲阶月上时。碧天如水影迟迟，清芬晚更宜②。

①栀子：常绿灌木，仲春开白花，花甚芳香。夏秋结实称栀子，生青熟黄，可入药，并可作黄色染料。

②旁批："不粘不脱咏物上乘。"

台 城 路

六月廿六，云姜招游尺五庄看荷花，许金桥即席题词，遂用其韵。

去天尺五韦邪杜①，休疑旧梨花店。蛛网纱窗，草迷幽径，破板红桥谁换。池莲向暖。听一片蝉声，绿荫不断。点水蜻蜓，飞来又去绕花满。　　登山临水寄兴。叹茫茫千古，多少恩怨。老树婆娑，回阑曲折，笔墨频挥虚馆。遥山在眼。认南谷高峰，西南数遍。归骑匆匆，夕阳天又晚。

①去天尺五：极言其与宫廷相近。《辛氏三秦记》："城南韦杜，去天尺五。"

惜 红 衣

雨中池上，用白石韵

电掣金蛇，云翻水墨，风枝无力。雨过芳塘，圆荷撼新碧。凉风入户，动几处、骚人词客？幽寂。似断还连，向黄昏不息。　　香消篆印①，灯暗芸篝②，连床乱书籍。遥知千里泽国，楚天北。最爱妙莲③清净，法界④梦中曾历。怕癫狂风雨，洗褪好花颜色。

①篆印：此为盘香之喻称。
②芸篝：芸，香料；篝，熏笼。带有芸香味的竹笼灯罩。
③妙莲：即《妙法莲华经》，佛教主要经典之一。经中宣扬三乘归一之旨，自以其法微妙如莲华，居尘不染，故称。
④法界：佛教指整个宇宙现象界。

惜　琼　花

雨中补种白莲，用张子野韵①

莲花白，莲叶碧。带淤泥补种，香冷吟席。本来清净原无色。好雨终朝，还要终夕。　　小池塘，方且窄。涌车轮翠盖，难尽容得。爱莲人亦情无极。湖上盈盈②，更起遥忆③。

①张子野：宋代词人，名先，字子野，湖州乌程（今浙江嘉兴）人。能诗，尤工于乐府。因善用"影"字，世称张三影。诗集有《安陆集》。词集有《张子野词》。
②盈盈：清澈貌。《古诗十九首》："盈盈一水间，脉脉不得语。"
③自注："此花从畅春园移来。"

珍　珠　帘

本　意

濛濛未许斜阳透。荡参差、一片縠纹微绉。闲煞小银钩，度困人长昼。看尽落花飞尽絮，任几处、莺声轻溜。依旧。此好景良辰，也能消瘦。　　多少苦雨酸风，障游蜂不入，晴丝难逗。云暗曲房深，听辘轳银甃①。隔住红灯花外影，清露下香浓金兽②。偏又。到月照流黄③，夜凉时候。

①甃：井壁。

②金兽：即兽形的铜香炉。

③流黄：褐黄色的丝织品。

凄 凉 犯

络纬①

梧桐落了层层叶，碧云暗度秋老。八尺龙须，半帘月影，乍凉多少。今年特早。催满院、虫声又搅。井栏边、叨叨絮絮，只是可人恼②。　　鼓翼瓜棚上，饮露餐花，自能常饱。丝笼慢贮，挂房栊、最宜深悄。不为哀音，也容易、秋衾梦觉。隔疏窗，伴共夜雨，听到晓。

①络纬：虫名。即莎鸡。俗称纺织娘。

②自注："姑候切。"

冉 冉 云

雨中张坤鹤过访

秋雨潇潇意难畅。忽敲门、道人来访。元都客、谈论海天方丈。全不管、世间得丧。　　惟有真知最高尚。一任他、你争我让。把身心、且自忘忧颐养①。阅尽古今花样②。

①颐养：保养。

②旁批："质而拙，却近宋人，政复不俗。"

垂 杨

秋 柳

秋凉乍到。便长条趓①地，柔丝拂袅。雾雨霏烟，无情不绾章台②道。梦回十二红楼悄。小桥外、夕阳偏照。阅行人、一树弯腰，带六朝③风调。　　经过春风多少。任月白天空，惊乌三绕④。谢尽繁华，长堤落叶无人扫。青娥⑤不是当初貌。更对着、断肠衰草。萧疏客舍，寒蝉声渐老。

①踠：屈曲。

②章台：汉长安城内街名。此处用柳树之典，昔唐韩翃有寄妓女柳氏诗："章台柳，章台柳，往日夷，今在否？纵使长条似旧垂亦应攀折他人手。"

③六朝：历史上三国的吴、东晋、宋、齐、梁、陈先后建都于建康（今南京），合称六朝。

④惊乌三绕：语出曹操的《短歌行》。

⑤青娥：青年女子。此喻树。

新雁过妆楼

闻　雁

冷入帘帏。西风送、一行旅雁南飞。碧天如水，去路远趁斜晖。云外寄书秋浩荡，月中连翼影参差。共依依。楚江芦岸，霜点毛衣。　　秋容三分过半，恰寒砧①韵咽，画角②声悲。黄花消息，露华暗满东篱③。山程水程万里，动几处、离人双泪垂。重阳近，更乱虫声里，良夜何其。

①寒砧：寒秋时的砧声。砧，捣衣石。诗词中常用以描写秋景的冷落萧索。

②画角：古代军中的管乐器，声音哀厉高元。

③东篱：菊圃的代称。陶潜《饮酒》诗："采菊东篱下，悠然见南山。"

浣　溪　沙

中秋作

楼外秋寒知不知，看看又到菊花时，斜阳西下影如驰。　　去日已多来日少，来何欢喜去何悲，且斟美酒对清辉①。

①清辉：指月光。

醉春风

暖室香成阵。老干妆红粉。梅花窗外月明时，忖！忖！忖！山意冲寒，湖光压碧，乍传春信。　　绿点苔衣衬。不许风吹损。梦为蝴蝶到罗浮①，问！问！问！疏影横斜，暗香②浮动，谁能拘紧。

①罗浮：山名。在广东省增城、博罗、河源等县间，长达百余公里，峰峦四百余，为粤中名山。相传罗山之西有浮山，为蓬莱一埠，浮海而至，与罗山并体，故曰罗浮。相传隋赵师雄曾在此梦遇梅花仙女，后多用以梅花典实，见唐柳宗元《龙城录》。

②暗香：指梅花的幽香。

鹧 鸪 天

冬夜，听夫子论道，不觉漏三商①矣。盆中残梅香发，有悟赋此。

夜半谈经玉漏②迟，生机妙在本无奇。世人莫恋花香好，花到香浓是谢时。　　蜂酿蜜，茧抽丝，功成安得没人知？华鬘阅尽恒沙劫③，雪北香南觅导师④。

①商：古漏壶中箭上刻的度数。

②玉漏：玉制的漏壶计时器。

③华鬘：花白头发。恒沙："恒河沙数"的省称。言多至不可胜数。

④旁批："过拍具大彻悟。"

山 鬼 谣

题管夫人①画竹

认玲珑，万竿修竹，绿阴匝②地清冷。楚天一角云深浅，日暮凄其③风劲。吹不定。望不尽、满川秋水寒光迥。露澄烟暝。更无数青山，无边青霭，天际远峰映。　　伤心更。写出苍梧旧景。美人芳草谁省。千梢万个浑无恙，闲了鸥波小艇。尘梦醒，剩两岸，娟娟瘦玉摇清影。神游目骋。算只有南楼，老人画法，千古妙堪并。

①元代画家管道昇，乃赵孟頫之妻，工画，尤善画竹，世称"管夫人"。
②匝：环绕一周叫一匝。此处有遮盖之意。
③凄其：语出《诗经》"凄其以风。"凄，凉爽。凄其，等于凄凄。

定 风 波

古春轩老人有《消夏集》，征咏夜来香鹦哥，纫素馨①以为架，盖云林手制也。

斑竹帘栊亚字阑，素馨花发晚风妍。消遣芸窗邀女伴，堪羡。闺中造物有花仙。　妙手制成花架子，架起。鹦哥也是好花穿。闲向绿槐阴里挂，长夏。悄无人处一声蝉②。

①素馨：植物名，又称耶悉茗。花白色，香气芳冽，供观赏。
②旁批："歇拍情景绝佳，咏物圣手。"

浪 淘 沙

冰 灯

宝塔十三层，楼观飞惊。清凉世界住飞琼。姑射①仙人肌胜雪，玉佩玱玎②。　巧制太轻盈，细缕坚冰。六鳌海上势崚嶒③。看到雪消明月夜，万点寒星。

①姑射：《庄子·逍遥游》："藐姑射之山，有神人居焉，肌肤若冰雪，绰约若处子。"
②玱玎：象声词，形容佩玉（玉器）相碰的声音。
③崚嶒：形容山势高峻。

金 缕 曲

题花帘词寄吴蘋香女士用本集韵

何幸闻名早。爱春蚕、缠绵作茧，丝丝萦绕。织就七襄①天孙②锦，彩线金针都扫。隔千里、系人怀抱。欲见无由缘分浅，况卿乎与我年将老。莫辜负，好才调。　　落花流水难猜料。正无妨、冰弦写怨，云笺起草。有美人兮倚修竹，何日轻舟来到？叹空谷、知音偏少。只有莺花堪适兴，对湖光山色舒长啸。愿寄我，近来稿。

①七襄：自卯至酉为昼，共七辰，织女每辰更移一次，因称七襄。

②天孙：星名。即织女星。唐彦谦《七夕》："而予愿乞天孙巧，五色纫针补衮衣。"

长 相 思

为陈素安姊画红梅小幅

深胭脂，浅胭脂。细蕊繁英压满枝，清香入梦迟。　　乍开时，欲谢时。铁干铮铮瘦影欹①，东风着意吹。

①铮铮：金属相击声。

江 城 子

记 梦

烟笼寒水月笼沙。泛灵槎，访仙家。一路清溪，双桨破烟划。才过小桥风景变，明月下，见梅花。　　梅花万树影交加。山之涯，水之涯。影落湖天，韶秀总堪夸。我欲遍游香雪海①，惊梦醒，怨啼鸦。

①香雪海：江苏吴县邓尉山多梅，花时一望如雪，香闻数十里。清康熙时，江苏巡抚宋荦题"香雪海"三字，镌于山石，遂为邓尉山之别名。

一　痕　沙

冬夜听秋虫

金鼎重薰甲煎①，锦帐双垂银蒜②。床下小虫鸣，作秋声。　斗室沉沉寒漏，一穗残灯如豆。风竹扫闲庭，细听听。

①甲煎：香料名，又称甲香。

②银蒜：帘押，以银为之，铸为蒜形，故名。

沁　园　春

桃花源次夫子韵

一夜东风，吹醒桃花，春到人间。趁月朗风柔，扁舟一棹①，绿波渺渺，花影珊珊。洞里有天，天涯有路，风月莺花终古闲。惜春去，怕桃花结子，冷落神仙。　此中大好盘桓②，有人面依稀似旧年。怅前度刘郎③，如今老去，元都种树，树已含烟。日暮天寒，露滋风损，开落无心谁与传。还相认，似婷婷倩女，素魄娟妍。

①棹：船桨。

②盘桓：徘徊；逗留。

③刘郎：即刘禹锡。刘禹锡《再游玄都观》诗："种桃道士归何处，前度刘郎今又来。"

《东海渔歌》卷二

苍 梧 谣

正月三日自题墨牡丹扇

侬！澹扫花枝待好风。瑶台①种，不作可怜红。

①瑶台：雕饰华丽、结构精巧的楼台。古人想象中的神仙居处。

鹧 鸪 天

题南楼老人《秋水图》

瑟瑟凉风入小池，红衣落尽翠离披①。双螯荐酒重阳近，一鹭冲天夕照迟。　　白露结，碧云垂，波沉菰米动涟漪。可怜秋色无多日，留得残荷听几时。

①红衣：指荷花。离披：分散貌。

诉 衷 情

春　日

忙中已过早春时，病困强支持。东风簸弄①花事，细细袅烟丝。　　深院宇，日迟迟，绣帘垂。杏花消息，乍暖微寒，燕子先知。

①簸弄：犹言播弄，玩弄。唐韩愈诗："婆娑海水南，簸弄明月珠。"

鹧 鸪 天

傀　儡

傀儡①当场任所为，讹传故事惑痴儿。李唐赵宋皆无考，妙在妖魔变化奇。

驾赤豹，从文狸②，衣冠楚楚假威仪③。下场高挂成何用，刻木牵丝此一时。

①傀儡：木偶戏中的木偶。
②文狸：狸皮有文采，故称文狸。屈原《九歌·山鬼》："乘赤豹从文狸，辛夷车兮结桂旗。"
③威仪：庄严的容貌举止。

江 城 子

题日酣川静野云高石画

日酣川静野云高。远山遥，碧迢迢。千里孤帆，一叶任风飘。莫话滩头波浪险，波平处，自逍遥。　　昏昏天地太无聊。系长条，钓鲸鳌。且对江光，山色酌香醪①。其奈眼看人尽醉，悲浊世，续《离骚》。

①香醪：美酒。杜甫诗："清秋多宴会，终日困香醪。"

清 平 乐

二月十日，金夫人惠芸苔菜①，予不食此味廿六年矣，遂以短词记之。

春风春雨，酝酿春如许。三十六陂②芳草路，尚记昔年游处。　　漠漠翠羽金英，菜花开近清明。好是江南二月，这般滋味香清。

①芸苔菜：俗称油菜。
②三十六陂：地名。在今江苏省扬州市。

浪 淘 沙

春日同夫子游石堂，回经慈溪，见鸳鸯无数，马上成小令

花木自成蹊，春与人宜。清流荇①藻荡参差。小鸟避人栖不定，飞上杨枝。　　归骑踏香泥，山影沉西。鸳鸯冲破碧烟飞。三十六双花样好，同浴清溪。

①荇：荇菜，一种多年生的水草。

忆　秦　娥

白海棠

春将暮，绿荫一树丝丝雨。丝丝雨，海棠花放，十分娇素。　　仙仙似惹凌波步，娟娟又怕东风妒。东风妒，满枝冰雪，澹烟轻雾。

探　春　慢

春　阴

九十韶光，清明过了，一年春色将尽。雨洒芳田，烟霏深院，偏是轻阴惹困。燕子来时候，已辜负、几番花信①。海棠零落闲庭，风飘万点成阵。　　懊恼留春不住。算只有陌头②，杨柳勾引。漠漠情怀，恹恹天气③，况又阴晴无准。多少伤心处，奈岁月、暗催双鬓。对酒当歌，回头往事休论。

①花信：即花期。
②陌头：陌上，王昌龄《闺怨》诗："忽见陌头杨柳色，悔教夫婿觅封侯。"
③恹恹天气：形容使人精神疲乏的天气。

鹧　鸪　天

上巳同夫子游丰台①

南郭同游上巳天，小桥流水碧弯环。海棠婀娜低红袖②，杨柳轻盈荡绿烟③。　　花艳艳，柳翩翩，断魂④花柳又春残。夕阳影里双飞蝶，相逐东风下菜田。

①丰台：地名。在北京市南郊。原为金时郊台，其南有丰宜门，故名。
②红袖：指妇女的红色衣袖。代指美女。借喻海棠。
③绿烟：喻树茂盛。嫩绿的颜色像一片烟雾。

④断魂：魂销神伤。形容情深或哀伤。

金　缕　曲

咏白海棠

洞户深深掩。笑世间、浓脂腻粉，那般妆点。认取朦胧月下，不许东风偷觑。偏触动、词人系念。昨日微阴今日雨，好春光有限无余欠。肯为我，一时暂。

冰绡①雾縠谁烘染？爱依依、柔条照水，靓妆清艳。墙角绿阴栏外影，印上芸窗冰簟。隔一片、清阴黯澹。不是封姨情太薄，是盈盈树底魂难忏。春欲暮，易生感。

①冰绡：洁白而透明的薄绸或薄纱。

好　事　近

三月十五，同云姜、纫兰、珊枝、素安、金夫人、徐夫人过枣花寺看牡丹。是时，花尚含苞，约十日后同赏。遂占小令先寄云、兰两妹。

将近牡丹时，已是海棠零落。祝尔①早些开者，怕东风耽搁。　　匆匆古寺暂分襟②，执手更相约。十日重来恰好，订看花南郭。

①尔：指牡丹。
②分襟：分手，离别。

念　奴　娇

木香花

柔条细叶，爱微风，吹起一棚香雾。翦到牡丹春已尽，又把春光钩住。琐碎繁英，零星小朵，枝上摇清露。风琼何事，羽衣似斗轻絮。　　昨夜入梦香清，晓来香已透，碧窗朱户。蝶浪蜂憨无检束①，绕遍深丛处处。璎珞②垂珠，绿云蔽日，谁忍攀条去，来年春日，愿教香雪盈树。

184

顾太清诗词

①检束：检点约束。

②璎珞：贯串珠玉而成的装饰品，多用于项饰。此喻串状的花朵。

玉 楼 春

廿四，同云姜、纫兰、素安、金夫人、徐夫人过枣花寺看牡丹，因前日风雨，花已零落殆尽。

扶头雾雨催春尽，十日旧游花尚嫩。东风一夜损芳菲，满地落红①深几寸。风前弱絮吹成阵，栏外绿荫经雨润。回头一笑嘱花王②，来岁花开仍过问。

①落红：即落花。

②花王：旧时品花以牡丹为群花之首，世称花王。

金 缕 曲

红 拂①

世事多奇遇。快人心、天人合发，英雄侠女。阅世竟无如公者，决定终身出处。特特问、君家寓所。逆旅相依堪寄托，好夫妻端合黄金铸。女萝草，附松树。　　尸居余气②何须惧。问隋家、驱鱼祭獭③，为谁辛苦。况是荒荒天下乱，仙李盘根结固。更无奈、杨花自舞。悔不当初从嫁与，岂流连一妓凭君取。达人也，越公素④。

①红拂：隋大臣杨素的家妓。即杨素，字外道，弘农华阴人。初事北周武帝，后附杨坚。与杨广交甚厚，拥立杨广。素以智诈称。李靖参谒杨素，她识其英雄才略，私奔相从，途中见虬髯客言行不凡，便结为兄妹，终于帮助李靖建功立业。后用为"慧眼识英雄"的典故。

②尸居余气：指杨素暮气沉沉，无所作为。

③驱鱼祭獭：谓隋家以水獭捕鱼列为祭礼，徒劳无益。

④越公素：杨素首封越国公，故此处称"越公素"。

金 缕 曲

红 线①

技也原非幻。入危邦②、床头盗合，身轻如燕。甲帐③风生申夜警，悄过兰堂④深院。好趁取、灯昏香断。太乙神名书粉额，挂胸前、匕首龙纹灿。奇女子，字红线。　　功成岂为求人见。慰君忧、感知酬德，免他争战。遁迹云山游世外，酒海花场谁恋。劳主帅、中庭夜饯。野鹤翩然随所适，冷朝阳、特赋菱歌怨。乘雾去，碧天远。

①红线：唐袁郊传奇《甘泽谣·红线》中的女主人公。她是唐潞州节度薛嵩家青衣，能文善武，有技艺，掌笺表，号内记室。时魏博节度使田承嗣将并潞州，薛日夜忧闷。红线夜奔魏博，入田寝所，取其床头金盒归，以示警诫。田乃遣使谢薛。红线后辞去，不知所终。

②危邦：不安宁的国家。《论语·泰伯》："危邦不入，乱邦不居。"

③甲帐：古代帐以甲乙编次，故有甲帐、乙帐之称。

④兰堂：芳香、高雅的殿堂。

金 缕 曲

红 绡①

赫赫威权者。锁金闺、名姝十院，花台月榭。何必绯桃②延佳士，此是君侯自惹。又何必、乌龙③守夜。一面菱花④云记取，好良期、三立清辉射。花阴底，月光下。　　潭潭⑤院宇人皆怕。越重垣、金钿⑥半敛，云鬟初卸。空倚玉箫愁不尽，蓦地人来迎迓。问何术、仙乎神也？磨勒奇谋人不识，莽昆仑、能使红绡嫁。百年偶，本无价。

①红绡：唐裴铏传奇中《昆仑奴传》一歌舞伎名。唐大历中，有崔生往视一勋臣疾，勋臣命歌舞伎红绡为崔生进食，又命送崔生出院，二人遂相爱慕。崔生归后，神迷意夺。家中有昆仑奴磨勒，于月圆夜负崔生入勋臣宅，与红绡相会，遂负崔生与红绡潜出，促成二人结合。

②绯桃：桃花。

③乌龙：传说晋时会稽张然养狗名乌龙。有奴与然妻通，欲杀然，乌龙伤奴以救主。这里说的是义犬或忠实的狗。

④菱花：古代以铜为镜，常于背刻菱花纹，后来就把镜子叫菱花。

⑤潭潭：宽深，宽大。唐韩愈《昌黎集·符读书城南》诗："一为公与相，潭潭府中居。"

⑥金釭：指灯盏。

台 城 路

四月廿四城东泛舟

清溪一带城东路，新蜩乍鸣高柳。五里蒹葭，数声啼鸟，正是薰风时候。将船载酒。感卅载重来，光阴回首。蟹罟鱼罾①，小楼临水尚依旧。　　天光水影荡漾。看翩翩巧燕，波面飞逗。绿树成荫，红栏倒影，野色暗侵襟袖。维舟渡口。听萧寺②钟声，梵宫③轻扣。留客殷勤，再来秋雨后。

①蟹罟鱼罾：罟，网的总称。罾，一种用木棍或竹竿做支架的渔网。

②萧寺：佛寺。王琦汇解："《释氏要览》：'今多称僧居为萧寺者，是用梁武造寺，以姓为题也。'"

③梵宫：即庙宇。

八 归

题张雪鸿秋荷双鸳

雪泥鸿爪①，文章游戏，只不过偶然耳。红衣坠露无多少，画出半秋天气，双鸳相倚。岸草汀花残照外，对渺渺冷烟寒水，已看到、寥落西风，又吹过沙尾！　　睡去迷离短梦，缠绵情绪，结伴荷花莲子。忘机滟𣾷，逍遥野浦，不与世间闲事。甚风流活计，装点溪山被纹绮。好意态，金城谁绣？老笔同题，消遣绿窗里。

①雪泥鸿爪：出宋苏轼《和子由渑池怀旧》，亦作"雪鸿指爪"。喻往事遗留之痕迹。

187

贺　新　凉

康介眉夫人嘱题《榕阴消夏图》

深院闲池馆。此神仙、清凉世界，热红尘远。午倦停针消长昼，榕叶婆娑影转。正茉莉、蛮花香散。花底翩翩瑶台侣，羡连枝玉树人清婉。联好句，写双管。　　鲛绡①衣薄轻罗扇。拥金盘、荔枝熟矣，槟榔初荐。一幅新图传陈事，历历红栏碧薜。好随载、镜奁书案。粤峤②珠江当年景，寄都门女伴题诗满。惜未识，画中面。

①鲛绡：传说中鲛人所织的绡。亦泛指薄纱。
②峤：尖而高的山。

山　亭　宴

立　秋

井梧一叶银床早，碧云天、画楼秋到。竹外澹烟霏，障满地、斜阳最好。豆花凉蔓战西风，浑不似、春寒料峭①。高树晚蝉鸣，特诉出、凄凉调。　　荷花半倚闲池沼。想岩壑、桂花香渺。天意谢繁华，怕白露、暗催秋老。罗衾不耐乍凉宵，有花底、乱虫啼晓。清梦醒来时，一点残灯袅。

①料峭：形容春寒。

定　风　波

谢云姜妹赠蜜渍荔枝有感

冰雪①肌肤裹绛纱，这般滋味产天涯。二十七年风景变，曾见。连林闽海野人家。　　何必更求三百颗，珍果。数枚直比服丹砂。恰好嫩凉秋雨后，消受。感君高义转咨嗟。

①冰雪：比喻荔枝果肉的纯净。

浣　溪　沙

夜　坐

竹影朦胧树影长，轻烟黯淡月昏黄，嘤嘤秋院乱啼螀。　几点微芒萤火细，一天风露豆花凉，夜深鼪鼬①上宫墙。

①鼪鼬：即黄鼠狼。

百　字　令

题李昇①金壁二十四化山长卷

晚来特好，映斜阳、二十四峰交错。依约红墙林外寺，楼阁参差飞舞。渔笛吹残，雁行初起，野艇冲烟渡。澄波如练，落霞远趁孤鹜②。　楚楚。返照晴岚，涂金刷翠，极目山无数。浓抹淡妆秋万里，冷到江头枫树。江水长流，碧山无恙，阅尽狂今古。锦奴③名字，千年片纸留住。

①李昇：唐末画家。
②孤鹜：失偶的野鸭。鹜，野鸭。王勃《滕王阁序》："落霞与孤鹜齐飞，秋水共长天一色。"
③锦奴：即李升的小字。

金　缕　曲

题刘季湘夫人海棠巢乐府①

小雅离骚旨。好文章、半生事业，千秋名字。叠雪裁冰词绝妙，不共吹花嚼蕊。早称出、拖金衣紫。天际灵风飘玉叶，海棠巢万点胭脂醉。三复读，羡无已。　一轮明月前身是。迥超尘、海镜流珠，寒芒万里。羞煞凡间儿女语，锦瑟朱弦清丽。使听者、洋洋盈耳。肃肃雍雍②廊庙器，岂寻常粉黛娇容止。想老笔，更精粹。

① 自注："孙平叔总制室。"
② 肃肃雍雍：《礼·少仪》："鸾和之美，肃肃雍雍"，和敬的样子。

钗 头 凤

秋海棠

清清露，涓涓注，嫩红细点黄心吐。花如泪，叶如翠。花花叶叶，一般酸味。记！记！记！　　虫声诉，西风妒，秋来更向谁吩咐？闲愁积，人不寐。半规残月，凉生绣被。睡！睡！睡！

秋风第一枝

桂

碧丛丛，金粟飘香。乍染衣裾①，风露生凉。蟾影三更。广寒万里，谁酌天浆②。　　秋将半，丹砂细量。夜深沉仙姝澹妆，听彻清商③。罗幛云屏，梦也难忘。

① 衣裾：衣服的前襟，也指衣袖。
② 天浆：仙露甘美的汁液。
③ 清商：商是古代五音之一，同其调清凉悲凄，故称"清商"。

蝶 恋 花

黄 葵

小院钩帘人睡醒。曲角栏杆，移过重重影。似水天光云叶净，微凉略觉风儿劲。　　不卷轻罗花态胜。慢卷轻罗，一片斜阳冷。浅淡衣裳妆束靓，比肩惟许芙蓉并。

顾太清诗词

凌 波 曲

枸 杞^①

深丛浅丛，天高露浓。仙人杖引灵风。挂星星碎红。　　花砖细封，苍苔细茸。狸奴^②巧俟游蜂。费丹青画工。

①枸杞：木名。夏秋开淡紫色花，结果形如枣核，果实和根皮入药，嫩茎和叶可食。

②狸奴：猫的别称。

太 常 引

玉 簪

凉生花径报新秋。粉墙下、几枝抽。白玉琢搔头^①，禁不住、西风暗飕。　　碧云院宇，碧纱窗户，碧水更清柔。斜日过妆楼。早又是、珠帘上钩。

①搔头：簪的别名。汉刘歆《西京杂记》："武帝过李夫人，就取玉簪搔头。自此后宫人搔头皆用玉，玉价倍贵焉。"

浪 淘 沙

梦游一处曰天籁寺。壁间有词，牢记半阕，醒即笔之于简，盖《浪淘沙》也，足成一首。

楼外雨初晴，人倚云屏^①，月华如水照吹笙。多事夜寒添半臂，春也无情。　　残烛尚荧荧^②，好梦初惊，纱窗晓色已平明。天籁不知何处寺，一片虚灵。

①云屏：指画云之屏风。

②荧荧：微光闪烁貌。

尾 犯

九月五日雨中作

风雨近重阳。香喫①短篱，秋水清洁。落帽题糕②，费词人饶舌。天将晚、潇潇雨意，酒初醒、沉沉妆阁。听疏帘外，一阵西风，触动檐铃铁。　　残虫声渐歇，况又到、霜冷时节。多病年来，怕镜中消削。爱红叶、碧山谁染，髩黄花、翠襟自襭③。登高心兴，似比著当年更薄。

①喫：喷水。

②落帽题糕：《晋书·孟嘉传》："孟嘉后为征西桓温参军，温甚重之。九月九日，温燕龙山，寮佐毕集。时佐吏并著戎服。有风至，吹嘉帽坠落，嘉不之觉。温使左右勿言，欲观其举止。嘉良久如厕，温令取还之，命孙盛作文嘲嘉，著嘉坐处。嘉还见，即答之，其文甚美。"后因成为重九登高之典故。题糕：邵博《邵氏闻见后录》："刘梦得作《九日诗》，欲用糕字，以《五经》中无之，辄不复为。宋子京以为不然，故子京《九日食糕》有咏云：'飚馆轻霜拂曙袍，糗餈花饮斗分曹。刘郎不敢题糕字，虚负诗中一世豪。'遂为古今绝唱。"九日，指重九。

③襭：用衣襟装东西。

一 剪 梅

雨中剪菊花赠纫兰妹

暮秋天气太无聊，风又凄凄，雨又潇潇。清樽共酌恨难招，一道重城，千里之遥。　　东篱乍满冷香飘，次第①开来，昨日今朝。露黄亲剪好丰标，满贮筠篮，玉蕊②金苞。

①次第：依次。

②玉蕊：花名。唐人极重玉蕊，歌咏者甚多，长安唐昌观玉蕊花尤著名。

浣 溪 沙

咏双鬟猧儿①

一

怀里温存袖里藏，蒙茸两耳系金珰②。双鬟③小字最相当。　　竹叶上窗惊月影，花枝照壁吠灯光，夜深轻睡枕头旁。

二

两字柔憨作性情，十分妩媚特聪明，得人怜处是天生。　　睡去拳拳④堪入画，戏时小小可奇擎，娇音学吠未成声。

①猧儿：一种供人玩弄的小狗。
②金珰：此指小狗的头饰。
③双鬟：指小狗的名称。
④拳拳：蜷曲貌。

被 花 恼

题王石谷画友梅轩图

疏枝老干自斜横，开满冷花冰蕊。竹里柴门①对流水。夜深人静，梦回酒醒，半隐乌皮几②。明月下，小窗前，乱飞琼雪寒烟里。　　潇洒足平生，不作劳劳羁宦子③。梅花结伴，修竹苍松，乐事无过此。任三春桃李斗芳菲，怕风动、娇红尽吹起。画图上，一片清香生素纸。

①柴门：以柴作门，言其简陋。也用以指贫寒之家。
②隐乌皮几：倚着小几案。
③羁宦子：为了作官而受拘牵的人。

点 绛 唇

题朱葆瑜女史锄月种梅图

月满风清，暗香乍试花心净。荷锄幽径，疏密安排定。　　花压阑干，翠袖和香凭。天如镜，横斜掩映，有个人相称。

白 蘋 香

赠闻诗室女士钱叔琬[1]

见面浑如旧识，知名久矣初逢。一湖秋水簇芙蓉，玉树幽兰[2]相共。　　蔼蔼温柔笑语，雍雍林下家风[3]。闻诗闻礼宛从容，万里桐花雏凤。

①自注："子万秀才令妹。"
②幽兰：兰花。俗称草兰。
③林下家风：林下，本指幽静之地。形容娴雅超脱。古时称妇女超逸脱俗为林下家风。

烛 影 摇 红

听梨园[1]太监陈进朝弹琴

雪意沉沉，北风冷触庭前竹。白头阿监抱琴来，未语眉先蹙。弹遍瑶池旧曲，韵泠泠[2]、水流云瀑。人间天上，四十年来，伤心惨目。　　尚记当初，梨园无数名花簇。笙歌飘渺碧云间，享尽神仙福。太息而今老仆，受君恩、沾些微禄。不堪回首，暮景萧条，穷途哀哭。

①梨园：唐玄宗曾选乐工三百，宫女数百，教授乐曲于梨园，亲自订正声误。号"皇帝梨园子弟"，后世因称戏班为梨园。戏曲演员为梨园子弟。
②泠泠：形容声音清越。

木 兰 花 慢

瓶花论，效刘克庄体

瓶花千百样，要是好，在人为。或冷淡相兼，疏疏密密，转侧相宜。或
□苍秀艳丽，似洞天、幽谷态离奇。或是粗枝大叶，恍然羽葆①云旗。　铜
觚瓦瓮右军持，风月好良期。绝妙处微微，半窗月影，荡荡风丝。不同丁香
结子，也不同、红豆②寄相思。那怕游蜂戏蝶，任他青女③封姨。

①羽葆：仪仗名。此指瓶花的枝叶繁茂。

②红豆：相思木所结子。古常以比喻爱情或相思。

③青女：神话中霜雪之神。亦作霜之代称。

步 蟾 宫

至 日

黄钟律吕吹葭管。渐风日、阳和向暖。诗书相对坐晴窗，看野马①、纷纷
过眼。　五纹谁计丝长短。且图个、昼长一线。自知不共世人妆，何必问、
画眉深浅。

①野马：田野间蒸腾浮游的水汽。庄子《逍遥游》："野马也，尘埃也。
生物之以息相吹也。"

惜 分 钗

看童子抖空中①

春将至，晴天气。闲坐看儿童戏。借天风，鼓其中，结彩为绳，截竹为筒。
空，空。　人间事，观愚智，大都制器存深意。理无穷，事无终。实则能鸣，
虚则能容。冲，冲。

①空中：空钟。今名空竹。

一 丛 花

题云林《福连室吟草》

连枝玉树羡君家，天与好才华。知名彼此情先熟，恨万重、水障云遮。今始见君，神情散朗，清洁比梅花。　　新诗示我妙无加①，词调更堪夸。丹青更有生花笔，写湖山、翠霭朱霞。咳唾成珠②，池塘结梦，春草遍天涯。

①无加：无可比拟。

②咳唾成珠：比喻言语珍贵。李白《妾薄命》："咳唾落九天，随风生珠玉。"

顾太清诗词

思 佳 客

腊九日，同云林、云姜、纫兰、佩吉集于珊枝斋中。时云姜行有日矣。佩吉鼓阳关三叠①，尽一日欢。归途城门将阖，车中口占。

三叠阳关不忍听，七条弦上半离声。浇愁且尽杯中物，日暮君归我进城。　　弦月上，影悬冰。凉风吹面酒初醒。明灯小队遵归路，寒柝②沿街已定更！

①阳关三叠：离别时所唱曲牌。源于王维《送元二使安西》诗。

②寒柝：旧时巡夜者击以报更的木梆。

定 风 波

同诸姊妹听佩吉弹《平沙落雁》一曲，并见赠花卉四帧，词以谢之。

一曲瑶琴①为我弹，北风烈烈②指头寒。想见秋江残照里，烟水。联翩雁影下空滩。　　赠我新图花似锦，能品。朱藤黄菊耐人看。少长咸集邀女伴，也算。瑶池小宴会神仙。

①瑶琴：饰以美玉的琴。亦泛指精美贵重的弦乐器。

②烈烈：象声词。此指风的声音。

唐 多 令

谢云林见赠古玉琴帚，且邀明日赏雪，用谢蜜来韵。

常伴镜奁边，常随玳瑁筵①。费仙人、种玉②生烟。扫尽纤尘弹一曲，明月下、百花前。　　笑我近来颠，邀君雪后天。喜同心、兰蕙斯言。愿得一生长聚首，丝竹事、乐中年。

①玳瑁筵：以玳瑁装饰坐具的宴席，指盛宴。
②种玉：道家谓仙人种玉云中，此处形容云林赠玉之名贵。

飞雪满群山

十五雪后，同诸姊妹天宁寺看唐花①，望西山积雪分韵。

银海摇光，玉山霏素，平临万井烟村。嫩杨枝上，青帘高挂，飞来一缕春痕。妙香生佛宇，恍行入、桃源洞门。花光照眼，花香染袖，花底醉游人。　　禅院里，同登欢喜地，倚明窗西望，笑语欣欣。云笺佳句，朱弦法曲②，何殊桃李春园。良辰容易过，且消受、香温酒温。夕阳才没，半城凉月天未昏。

①唐花：亦作"堂花"。放在密室里用加温法使提早开放的花。
②法曲：又称"法乐"。其名始于东晋《法显传》，因用于佛教法会而得名。唐代法曲发展至盛。著名法曲有《赤白桃李花》等。此处指寺中乐曲。

满 庭 芳

瘞鬟铭①

璧月常亏，彩云易散，惜哉况我痴情。天乎何意，尤物太精灵。犹记憨憨样子，尚依稀、耳畔金铃。妆台侧，衔脂弄粉，难忘小芳名。　　罡风吹短劫，优昙才见，一霎飘零。费主人老泪，啼雨难晴。怕向垂杨楼下，伤心处、芳草青青。阑干角，一抔黄土，记取瘞鬟铭。

①瘗鬠铭：此词是作者为所畜小犬双鬠死后埋葬而作。

浣　溪　沙

立春前三日咏盆中茉莉

一

南北从来气候差，立春杨柳未舒芽，洞中先见素馨花。　　一线柔风摇翠叶，满枝香雪缀琼葩①，水仙气味略差些。

二

花气袭人喜欲狂，花前对酒乐非常，美人名字有余香。　　粤海炎天才菉蒎，燕京②腊月已芬芳，从今休说小南强。

①琼葩：琼花，形容茉莉花之美。
②燕京：指现在的北京市。

《东海渔歌》卷三

鹧 鸪 天

元日咏荠菜，用去年韵

鲜荠登盘乍吐花，嫩苗争长傲春奢。已知草色迎年绿，略有新黄发柳芽。　　山之罅，水之涯。风丝日影暖相加。岁朝图①上应添写，小白微青最可夸。

①岁朝图：一种绘画题材。一岁之始，画新春蔬果等。

玉 连 环 影

元日解九连环①

连络个个环相约。解得开时，本自无缠缚。系连环，解连环，一笑人间，万事理皆然。

①九连环：一种民间游戏的用具。

琴调相思引

题百福老人蓝笔画兰

同心芳草澹青钩。艳过春花冷过秋。翰林学士，画意本清幽。　　神品倩人题好句，生绡①尚有暗香留。老人名字，千古足风流。

①生绡：没有漂煮过的丝织品。古以生绡作画。故亦借指画卷。

满 江 红

人日，观音院饯云姜南归

归去来兮，怕君去、少留君坐。说不尽离愁，彼此泪随声堕。野店长途当自爱，脂车秣马①须亲课。报平安、两字寄书频，君休惰。　　新年事，匆匆过。冰初解，东风大。隔江关千里，相思无那②。今日分襟何日见？观音不管人些个。听一声珍重，去难留，伤心我。

①脂车：给车轴加油。秣马：喂牲口。

②无那：犹无奈，无可奈何。王维《酬郭给事》诗："强欲从君无那老，将因卧病解朝衣。"

风 入 松

春灯，次夫子韵二首

沿河新草绿堪挑。丝柳渐垂条。六鳌海上凌风至，献明珠、火树蟠桃。十里朱阑画阁，满天月璧星轺①。　　太平乐事庆清朝。结伴走天桥。钿车②游马笙歌队，望青帘、春酒新烧。红烛缘街引路，浮圆到处元宵。

华堂春暖设春筵。灯彩月华天。上元南极开芳宴，宴群仙、香袅云盘。彩服庭前儿女，貂裘门下衣冠。　　春王宝箓③注延年，松柏荫常圆。喜君与我生同岁，祝三多④、乐胜从前。好景何如今夕，新诗载入芸编⑤。

①星轺：古代称皇帝的使者为"星使"，因称使者所乘的车子为星轺。此处是指天上的星辰。

②钿车：用金片做成花纹或花朵装饰的车。

③宝箓：道家的符箓。

④三多：旧以多福、多寿、多男子为祝愿之词。

⑤自注："十六日，夫子诞日。"

醉 红 妆

自题海棠折扇赠云林

薄寒轻暖近清明。试新妆，出华清。宿醒未解尚懵腾^①，娇无那，画栏凭。　　碎红滴露染猩猩。烧绛烛，照娉婷。须知画意即诗情，三五朵，一枝横。

①宿醒：谓隔宿醉酒未醒。懵腾：半睡半醒，朦胧迷糊。

鹊 桥 仙

云林嘱题《闰七夕^①联吟图》

新秋逢闰，鹊桥重驾，两度人间乞巧^②。参横月转玉绳^③低，问乞得、天机多少。　　闺中女伴，天边佳会，多事纷纷祈祷。总然天上有神仙，怕也共、有情天老。

①七夕：农历七月初七夜。民间传说牛郎织女此夜在天河相会。
②乞巧：旧时民间风俗，妇女于农历七月七日夜间向织女星乞求智巧，并祈祷福、寿等活动。
③玉绳：星名。亦泛指星光。

浪 淘 沙

正月廿七闻雁忆云姜

别后数征邮，应到扬州。相思一日似三秋。恼煞雁行天上字，字字离愁。　　回首忆春游，花底句留。三分春又一分休。屈指海棠开日近，不见归舟。

金 缕 曲

自题听雪小照

兀①对残灯读。听窗前、萧萧一片，寒声敲竹。坐到夜深风更紧，壁暗灯花如菽②。觉翠袖、衣单生粟。自起钩帘看夜色，压梅梢、万点临流玉。飞霰急，响高屋。　　乱云堆絮迷空谷。入苍茫、冰花冷蕊，不分林麓。多少诗情频到耳，花气熏人芬馥。特写入、生绡横幅。岂为平生偏爱雪，为人间留取真眉目。阑干曲，立幽独。

①兀：作语助词，用在句首。这里有孤独意。
②菽：本谓豆类。此处喻灯光小如豆。

一 剪 梅

闻云姜渡河信

闻道行程已渡黄。江北淮南，云树苍茫。锦书春信远相将。嗟我怀人，寘彼周行①。　　两岸青山客梦长。千里相思，一日难忘。绿杨城郭近雷塘。所谓伊人，在水一方②。

①"嗟我怀人，寘彼周行"：语出《诗经·周南·卷耳》，大意为：因为怀念在外的人，（采卷耳的）筐（还未装满就）被放在大路上。寘，放置。
②"所谓伊人，在水一方"：语出《诗经·秦风·蒹葭》，大意为：我心上的人他在哪，正在水的那一方。

杏 花 天

同游南谷，云林妹先返，怅然赋此

倚楼目送人归去。望不尽、杏花深处。香车转过山前路，苦被垂杨遮住。　　方七日、唱予和汝。匆匆返、去而不顾。虽云小别愁难诉。彼此相思情互^①。

①旁批："情深乃尔，是示独造。"

更 漏 子

忆云林

一

雨丝丝，风细细，尽是销魂滋味。风细细，雨丝丝，相思十二时。　我忆君，君忆我，我不忆君宁可。君忆我，我忆君，愁肠似转轮。

二

柳烟柔，花影细，谁解个中^①滋味。乱愁绪，万千丝，春光能几时。　奈何君，惆怅我，一别如斯安可。惆怅我，奈何君，流年快似轮。

①个中：犹言此中。

如 梦 令

送 春

昨日送春归了，枝上残红渐少。帘外绿阴多，满地落花谁扫？休扫！休扫！一任东风吹老。

伊 州 三 台

题云林扇头弹琴仕女

西风吹入梧桐，半卷珠帘露浓。独坐月明中，正闲阶、几声暗虫。　人间天上情踪，泛以冰丝细通。一曲忒愁侬，□□□，□□□□^①。

探 春 慢

题顾螺峰女史（韶）画寻梅仕女，用张玉田韵

寒浦藏烟，小桥堆絮，人与花分清淡。竹压低枝，松扶老干，簌簌璚英^①霏霰。才试着花气，早望见、朱阑一半。若非群玉山头，明月林下香散。　　可是汉家宫苑，又不似唐昌^②，树底忽见。黄鹤楼中，玉门关外，休付笛声吹怨。留待东风至，却还怕、绿阴争暖。笑捻花枝，归来香满庭院。

①璚英：似玉之美石。此喻雪。璚，同"琼"。
②唐昌：指唐昌观，唐寺观名，在长安。以玄宗女唐昌公主而名。观中有玉蕊花，相传为公主手植，常为唐宋诗人吟咏的题材。

浣 溪 沙

谢云林妹见赠自画樱笋团扇

芍药将开卸海棠，最怜樱笋好年光。落花庭院绿阴长。　　写就新图颜色嫩，书成小令墨痕香。也凭红翠竞春芳。

江 城 子

题孙子勤《西溪纪游图》

西溪溪水拍长天。放游船，足流连。一片芦梢，飞雪满前滩。仙侣同舟归去晚，夕阳下，起寒烟。　　乘流欲上白云间。小桥边，浪花圆。只有忘机^①，鸥鹭对人闲。回首茅庵红叶里，僧送客，倚栏杆。

①忘机：忘却计较或巧诈之心。指自甘恬淡与世无争。李白《下终南山过斛斯山人宿置酒》："我醉君复乐，陶然共忘机。"

菩　萨　蛮

夏　日

薰风殿阁樱桃节，碧纱窗下沉檀爇①。小扇引微凉，悠悠夏日长。　　野人风趣甚，不作炎凉问。老圃好栽培，菊花五月开。

①沉檀：沉香与檀香。爇：燃烧。

阑干万里心

听雨忆云林

窗前新种绿芭蕉，夜雨声声枕上敲。困不成眠转寂寥。耐清宵，有美人兮不可招。

琴调相思引

云林妹见赠雁足书灯，以小令申谢

雁字分飞思不禁。听风听雨梦难寻。露华庭院，灯影照清心。　　赠我不须长夜饮。感君聊赋短檠①吟。荧荧一点，应惜寸光阴。

①檠：灯架。借指灯。

鹊　桥　仙

题《孙松岑阅音修篁图》①

琅玕②一径，瑶琴三弄，人在清凉极处。萧萧疑雨又疑风，倚怪石、苍苔珠树。　　云中仙鹤，花间雏凤，万里丹山平步。更邀明月照幽篁，消受者、满身香雾。

①自注："许云林少君。"

②琅玕：喻美竹。

贺　新　凉

夏日余季瑛招饮净绿山房作

小宴神仙宅。坐苍茫、回廊曲折，高槐如幄。海上荔支①枝头杏，玉斗②香斟云液。爱雪藕、冰盘清洁。卜筑山房成大隐。羡主人潇洒能留客。尽一日，花间酌。　　地偏心远无尘迹。倒清樽、群贤咸集③，骋怀游目④。西下夕阳云乍起，一霎电雷交作。风过处、新凉如沐。雨后沿阶芳草色，映冰绡雾縠衣裳碧。归未晚，不须烛⑤。

①支：即"荔枝"。

②玉斗：玉制酒器。

③咸集：王羲之《兰亭集序》："群贤毕至，少长咸集。"

④王羲之《兰亭集序》："所以游目骋怀，足以极视听之娱，信可乐也。"

⑤旁批："不必以矜炼胜，饶有清气，扑人眉宇。"

意　难　忘

自题梅竹双清图

一径幽香。傍猗猗①修竹，疏影扶将。横斜深院宇，冷艳小池塘。才雪后，乍芬芳。尽无语持觞。向夜阑、巡檐索句②，特费思量。　　相思难话衷肠。想佳人空谷，一样情伤。帘栊灯黯淡，篱落月昏黄。多少事、意难忘，似不自禁当。更怕他、新愁旧梦，虚度年光！

①猗猗：美盛貌。《诗经·卫风·淇奥》："瞻彼淇奥，绿竹猗猗。"

②索句：指构思。范成大《再韵答子文》诗："肩耸已高犹索句，眼明无用且翻书。"

碧　芙　蓉

雨后，由三官殿同云林、纫兰过尺五庄看荷花作

　　一带小红桥，同倚画栏，池面荷靓。飑飑①芦梢，立蜻蜓不定。新雨过、璃珠万点，荡流霞、妙莲香冷。听垂杨岸，几树鸣蝉，催起游人兴。　　虚庭萦曲沼，望不尽、绿叶千柄。隔水盈盈，似美人临镜。雪冰藕、凉生袂②薄，泛清尊、风吹酒醒。断云残照，渐花外、天光向暝③。

　　①飑飑：摇曳貌。
　　②袂：衣袖。
　　③自注："清隽沉着，恰到好处。"

伊　州　三　台

七夕夜雨，次日立秋，戏题

　　秋声先到芭蕉，阶下秋虫絮叨。生受鹊填桥，渡银河，夜凉路遥。　　洗车丝雨①飘萧、冷落星娥翠翘。云气湿轻绡。愿来年，莫同者遭。

　　①洗车雨：农历七月初六日下雨，称洗车雨。杜牧《樊川集》补遗《七夕》诗："最恨明朝洗车雨，不教回脚渡天河。"

迷　神　引

题徐廷昆画

　　叠叠银涛翻雪浪。黯黯冷云飞涨。垂藤古木，石壁高无量。望蓬莱、三山远，长风荡。日月双九小，来复往。天地渺无涯，窈空旷。　　忽有仙舟，一叶乘波放。看袜凌波，兰为桨①。满盘花果，玉瓶贮，蒲桃②酿。是广寒宫③，霓裳舞，月中样。白兔守筠笼④，随竹舫。猿子采蟠桃，亲呈上。

①兰为桨：指以木兰做桨。苏轼《赤壁赋》："桂棹兮兰桨。"

②蒲桃：即"葡萄"。

③广寒宫：传说唐玄宗于八月望日游月中，见一大宫府，榜曰："广寒清虚之府"，后人因称月宫为"广寒宫"。

④筠笼：覆于香炉上的竹笼。

江城梅花引

雨中接云姜信

故人千里寄书来。快些开，慢些开。不知书中，安否费疑猜。别后炎凉时序改①，江南北，动离愁，自徘徊，　徘徊，徘徊。渺余怀②。天一涯，水一涯。梦也梦也，梦不见，当日裙钗③！谁念碧云，凝伫费肠回？明岁君归重见我，应不是，别离时，旧形骸④。

①别后炎凉时序改：此句表面是说季节变迁，实际是说世事已经发生很大的变化。

②渺余怀：苏东坡《前赤壁赋》："渺渺兮余怀，望美人兮天一方。"

③裙钗：代指云姜。

④旧形骸：指从前的音容笑貌。旁批："情文相生，自然合拍。"

步 虚 词

中 秋

玉剪燕归秋社，木犀①香，浸云屏。连阴初霁月华清，恼煞碧天风劲。　细露凉生钿阁②，流云暗度瑶京③。羽衣④纤指学吹笙，不许人间偷听。

①木犀：桂花的别称。

②钿阁：用金宝装饰的楼阁。

③瑶京：指天阙。

④羽衣：此指天宫的仙女。

燕 归 梁

自题画杏

得意东风快马蹄。细草沙堤。几枝丰艳照清溪。垂杨外，小桥西。写来还恐神难似，肥和瘦，要相宜。碧纱窗下倩君题。聊记取，旧游时。

南 柯 子

咏香串，效唐人体

宝串垂襟软，温香著体柔。青丝贯取意绸缪①，只要心心相应总无愁。步月难寻梦，临风怕倚楼。江皋玉佩为谁留？又惹一番牵挂在心头。

①绸缪：缠绵。

浪 淘 沙

送珊枝归武林

归计太匆匆，难写离惊①。孤帆双桨趁秋风。肠断天涯从此去，甚日重逢。判袂各西东，浪迹萍踪②，邻君多病近龙钟③。一纸音书劳怅望，须付征鸿。

①离惊：离情。
②萍踪：形容踪迹漂泊不定，类浮萍。
③龙钟：衰老貌。

水 调 歌 头

谢古春轩老人见赠竹根仙槎

蓬莱渺何许，仙侣泛仙舟。海天寥廓千里，万里御风游。左右金童玉女，上下霓旌翠盖，花雨散中洲。合奏钧天乐①，王母驾灵虬②。　　松为篷，桂为楫，破云流。翔龙鬐③凤，盘曲古节几春秋？忧若轻身遐举④，泛览十洲三岛，对此可忘忧。欲借长风便，吹我到杭州。

①钧天乐：指天上的音乐。
②虬：古代传说中的一种龙。
③鬐：飞起。
④遐举：远行。屈原《远游》："泛容与而遐举兮，聊抑志而自弭。"

风 入 松

题王叔明《听松图》

乱山深处有人家。细路欹斜。长松万树围茅屋。响寒涛、天际青霞。曲涧平铺略彴①，飞泉高挂檐牙。　　幽人肥遁②厌烦哗。云水生涯。携筇③来有谈经客，露疏窗，萝薜周遮。陋室居之何陋，满堂金玉无加。

①略彴：小桥。
②肥遁：退隐。
③筇：竹杖。

凌 波 曲

孙娭如女士属题吹笛仕女团扇。

西风露零，高楼笛声。无端吹起离情。落梧桐叶轻。　　三更四更，云窗未扃①。小蟾斜影分明。挂阑干正平。

①扃：关闭。

东风齐著力

水波（得平字）

燕子来时，回塘向暖，野水烟生。刚胜弱絮，初泛落花轻。漫漫垂杨曲沼，才添了、几点浮萍。鱼苗长，生机浩荡，恰趁新晴。　　雾縠太轻盈。波细细、参差碧浪纵横。遥天倒影，渺渺动柔情。好是东风消息，吹不定、似皱还平。天涯，一篙新涨，万里春程①。

①旁批："刻画工致，是矜心作意而为之。然亦不犯雕琢。"

广　寒　秋

九月十九，过天仙庵同福真老尼茶话

禅房寂静，苍苔浓厚，冷淡斜阳阴里。去年曾到又重来，正幽径、黄花开矣。　　冷风轻飔，旃檀香霭①，悦可众心欢喜。一杯清茗话西窗，渐薄暮钟声初起。

①旃檀：梵文"旃檀那"的省称，即檀香。香霭：烟气的美称。

金　缕　曲

送纫兰妹往大梁①

三载交情重。竟难留、买舟南去，北风吹动。行李萧萧天气冷，落叶黄花相送。正河水、冰渐将冻。满载异书千万卷，有斯冰②小印随妆笼。千里路，全家共。　　年来送客愁相踵。要相逢、都门汴水，与君同梦。此后平安书屡寄，慰我愁怀种种。洒清泪，离觞互捧。聚散本来无定数，古阳关③不忍当筵弄。金缕曲，为君诵④。

①大梁：古城名。在今河南开封市西北。
②斯冰：指秦丞相李斯和唐朝书法家、文学家李阳冰，二人皆以篆书闻名。此处形容印章篆书之美。
③阳关：此指伤离曲，即"阳关三叠"。
④自注："正月初七送云姜归扬州。七月初五送珊枝归武林。"旁批："妥帖易施，却不犯滑。"

传 言 玉 女

雪夜不寐

一夜风威，灯晕疏窗微照。云母屏风，护罗帏寒峭。黄花影里，数尽更筹多少。新愁旧闷，竟难忘了。　　多病何堪，纷绪乱萦怀抱。茶铛①药裹，飏轻烟香杳。棱棱②瘦骨，顾影翻然成笑。游仙有梦，也应颠倒。

①茶铛：铛，釜属，温器。
②棱棱：威严方正貌。这里形容棱角清晰。

浣 溪 沙

游仙体，用"遥知杨柳是门处，似隔芙蓉无路通"，成此小令二阕

一

碧落①茫茫秋水斜，朱门深被绿杨遮，隔溪听尽晚蝉哗。　　无可奈何人怅望，难通消息树交加，能忘情者是仙家。

二

开遍芙蓉叶叶凉，天成锦障护池塘，伊人宛在水中央②。　　十二阑干人不见，三千世界路何长，空教秋雨洗红装。

①碧落：天空。
②《诗经·秦风·蒹葭》，"所谓伊人，在水一方。……溯游从之，宛在水中央"。

祝 英 台 近

潭柘龙潭①，用梦窗韵

古松阴，幽涧底，流水漱山股。红叶寒烟，飞鸟自来去。苍茫草界羊踪，

霜封樵径，石头滑、舆夫②相语。　　酌清俎，穿林瑟瑟风吹，阴崖望堆素。飘缈峰头，指点过来路。平临佛刹③巍峨，钟声初起，梵音散，诸天花雨④。

①潭柘：即北京西郊的潭柘寺，寺后有龙潭。
②舆夫：此指车轿夫役。
③佛刹：即佛寺。
④旁注："近、紧、劲。"

菩 萨 蛮

西观音洞①

朝阳初上岩头树，清晨步入蚕丛②路。云隐小红墙，钟声发上方。　　高碑书故事，苔藓侵碑字。大士③坐莲台，莲花何处开④。

①西观音洞：在潭柘寺。
②蚕丛：喻指蜀地。李白诗《送友人入蜀》："见说蚕丛路，崎岖不易行。"这里借指崎岖的小路。
③大士：佛教称佛和菩萨，如观音大士。
④自注："碑记初为莲池，今已无。"

东观音洞①

斜阳乍转夕阴结，观音古洞寒泉洌。黄叶拥禅关，山僧终日闲。　　石桥通曲径，树杪栖乌定。修竹暗森森，悠然净客心。

①东观音洞：亦在潭柘寺。

西峰寺

罗睺岭下苍烟织，乱云深谷披荆棘。红叶被山阿，寒林废塔多。　　寺门残照里，古洞余荒址。殿角秀长春，花开日日新。

登石景山天空寺望浑河①

浑河东岸孤峰起，崔巍绝顶浮图峭。陡辟四天门，天空祇树园②。　　登高同策马，陟彼寻兰若③。竞渡俯长桥，霜华晓未消。

①浑河：卢沟河在元、明以后的别称。因河水浑浊得名。即今永定河。

②祇树园："祇树给孤独园"之略称。为释迦牟尼去舍卫国说法时与僧徒停居之处。

③陟：登。兰若：指寺院。梵语"阿兰若"的省称。意为寂静、无苦恼烦乱之处。

浪 淘 沙 慢

久不接云姜信，用柳耆卿韵

又盼、到冬深不见，故人消息。况当雪后，几枝寒梅，萼绿如滴。对疏香瘦影思佳客。细思量、两地相思，怕梦里，行踪无准，各自都成悲戚。　　无极。九回柔肠①，十分幽怨②，几度写付宫阙，鸿雁空延伫，虽暂成小别，也劳心力。回首当初，在众香国里花同惜。恁无端、雪来柳往，天天使人疏隔。知何时、共剪西窗烛，万千言与语，叨叨向说，却还愁，说不尽从前相忆③。

①九回柔肠：形容忧思之甚。

②幽怨：潜藏在心里的怨思。

③旁批："朴实言情，宋人法乳，非纤艳之笔、藻缋之工所能梦见。"

柳枝词（十二首）

一

正月烧灯暖气融，天涯何处不春风。请看八九沿河柳，尽在生机浩荡中。

二

二月东风第几场，狗儿才吐小鹅黄。输他草色人先见，苦荬①茵蔯挑满筐。

三

三月清池结绿萍，杨花飞过杏花汀。流莺似惜春光尽，啼遍邮传长短亭。

四

四月黄梅细雨催，荼蘼②开过枣花开。柳条不属春拘管，勾引乌衣燕子来。

五

五月田家打麦劳，绿杨多处乱鸣蜩。小船卖酒游人醉，一串活鱼贯柳条。

六

六月浓荫系画船，荷花香到水亭前。轻雷又送东南雨，摇动青青一树烟。

七

七月双星会有期，盈盈一水隔相思。何如满树垂杨线，不管纷纷乱乱丝。

八

八月凉生桂殿秋，冰盘③高挂柳梢头。云阶月地知何夕，遮断神仙白玉楼。

九

九月凄凄霜气浑，乱飞黄叶又黄昏。临歧莫唱折杨柳，风雨重阳最断魂。

十

十月漫天雪作花，柔条叶净剩枯杈。平桥野渡无人处，栖定冲寒数点鸦。

十 一

十一月中树尽枯，一阳复后又扶苏④。青蛾不减年时色，装点溪山入画图。

十 二

十二月来生意含，无边花木待春三。新年有象桃符⑤换，天地多情柳色酣。

钝宦曰："此十二首，太清有朱笔自题其上，曰：'此移入《东海渔歌集》。'"

①苦荬：即苦菜。嫩叶可食。
②荼蘼：花名。以色似荼蘼酒，故名。
③冰盘：指月亮。
④扶苏：同"扶疏"。大木枝条四布貌。
⑤桃符：相传东海度朔山有大桃树，其下有神荼、郁垒二神，能食百鬼。故俗于农历元旦，用桃木板画二神于其上，悬于门户，以驱鬼避邪。

《东海渔歌》卷四

蟾宫曲

立春

畅晴和、好是今朝。律转青阳，冶叶倡条①。暖入屠苏②，宜春蔿字，彩胜云翘。　　碧琉璃、房栊日高。绣帘儿、东风细飘，腊雪全消。春到人间，柳宠花娇。

①青阳：此指春天。冶叶倡条：犹言野草闲花。
②屠苏：酒名。

伊州三台

猗兰曲

兰兮生自空山，流出幽香世间。清露润芳颜，托《离骚》、美人意传。　　休夸雾鬓烟鬟①。不与群花并看。描写入冰弦，数芬芳、算伊占先。

①雾鬓烟鬟：形容妇女发鬓松散。亦泛指妇女发之盛美。

醉太平

题《蓉桂双白头图》

金风素秋①，露华暗浮。天容夜色幽幽，挂凉蝉一钩。　　芙蓉太柔，木犀渐稠。白头同宿枝头，笑鸳鸯逐流。

①素秋：秋季。古代五行说，以金配秋，其色白，故称素秋。

风　光　好

春　日

好时光,恁天长。正月游蜂出蜜房,为人忙。　　探春最是沿河好,烟丝袅。谁把柔丝染嫩黄。大文章。

浪　淘　沙

登香山望昆明湖①

碧瓦指离宫,楼阁玲珑。遥看草色有无中。最是一年春好处,烟柳空濛②。　　湖水自流东,桥影垂虹。三山③秀气为谁钟。武帝旌旗都不见④,郁郁蟠龙⑤。

①香山:在北京西山上。昆明湖:在北京颐和园内,为游览名胜之地。

②"烟柳空濛"与前两句:皆出于韩愈诗《早春呈水部张十八员外》:"天街小雨润如酥,草色遥看近却无。最是一年春好处,绝胜烟柳满皇都。"

③三山:三山一般指海上三座神山,蓬莱、方丈、瀛洲,此或指北京昆明湖中的三座岛屿:南湖岛、治镜阁岛、藻鉴岛。

④武帝句:出于杜甫诗《秋兴》:"昆明池水汉时功,武帝旌旗在眼中。"此处似代指清朝早期皇帝。

⑤郁郁蟠龙:指离宫繁荣葱郁、虎踞龙盘的气象。

貂　裘　换　酒

题扇头"鸡声茅店月,人迹板桥霜"画意

拂面西风冷。挂林梢、微茫澹月,碧空澄净。已被鸡声催人起,漠漠浅沙幽径。舞黄叶、随风不定。店舍无烟关山远,渐轮蹄惊动栖乌醒。襟袖裂,晓寒劲。　　新霜路滑鞭敲镫。板桥头、萧萧寒溜,明星尚炯。指点前村依稀见,野火孤灯相映。望不尽、鱼天耿耿①。一片朝霞烘远树,涌红暾②、宿草霜华莹。云断处,误山影。

①耿耿：微光闪照。

②红暾：初升太阳。

寿楼春

送　春

鹃声中春归。奈匆匆不住，轻送芳菲。几处园林池馆，落红霏霏。无意绪，裁春衣。想去年、百花开时，记剪烛山楼，看花古寺，回首梦依稀。　　谁能禁，东风吹。倚阑干几曲，事与心违。又是杨花糁径①，海棠垂丝。春已去，人如斯，更那堪、幽思空悲。对芳草深庭，帘栊未垂双燕飞②。

①糁径：糁，散粒状物。此处指杨花散铺满径。

②旁批："肆口而成，毫不吃力，似此功候，确从宋词中得来。"

南　乡　子

云林招游三官庙看海棠，不果行，用来韵答之。

一

恰好看花天，漠漠轻阴飐柳烟。最是海棠娇太甚，趑趄①，半要人怜半自怜。　　风信莫狂癫，艳色能留几日鲜？吩咐封姨休扫却，嫣然，似带余酲晚更妍。

二

小叶碧玲珑，十二阑干护几重。不是不知春已去，微风，也向枝头飐落红。花气霭房栊，芳意憨憨睡思浓。倦态倩谁扶欲起？冥濛②，和雨和烟入画中。

三

首夏半晴天，曲水无由系画船。恨不共君同一醉，尊前，饱听飞琼绿绮弦③。　　尘事惜萦牵④，再到花时又一年。佳会自应多韵事，相连，遮莫红装绿荫边。

四

野卉杂黄蓝，菜圃青青生意酣。蝶绕疏篱蜂逐絮，毵毵⑤，柳拂新泥燕子衔。　　乐事记城南，近水花光一镜涵。借问村醪何处有，青帘，芳信知君未倦探。

①趷翩：形容轻快地摇曳。
②冥濛：模糊不清，指如烟细雨。
③自注："云林善鼓琴。"
④萦牵：缠绕，牵绊。
⑤毿毿：形容枝条细长。

定 风 波

雨中海棠

晓起庭除遍落花，乱红和雨受风斜。惟许荼蘼同一梦，寒重。飘零残粉误韶华。　　满树轻阴垂绿绶①，剩有婷婷倩影②护檐牙。切莫东风尽吹落，斟酌。枝头红蕚暂留些③。

①绿绶：绶，丝带，此指枝叶下垂，如绿色绶带，用来系帷幕或印环。
②倩影：女子美丽的身影。
③旁批："清稳，绝无时气。"

江 城 子

落 花

花开花落一年中。惜残红，怨东风。恼煞纷纷，如雪扑帘栊。坐对飞花花事了，春又去，太匆匆。　　惜花有恨与谁同。晓妆慵，忒愁侬。燕子来时，红雨画楼东。尽有春愁衔不去，无才思①，是游蜂②。

①化用韩愈《游城南十六首》："杨花榆荚无才思，惟解漫天作雪飞。"
②旁批："一片空灵，天仙化人之笔。"

春 去 也

飞 絮

春去也！点点惜杨花。落溷①飘茵无定准，任教风送到天涯，惆怅送年华。

① 溷：泛指不洁之处。

雪 夜 渔 舟

题励宗万《万雪渡图》

朔风紧。催雪满群山，六花①成阵。水面凝烟，芦梢戛玉，败叶乱随风陨②。溪山妆粉。掩映出、短篱疏影。树鸦惊起，弥漫村舍，板桥难认。　　冻云飞不尽。望长空一色，水天深隐。唤渡纷纷，披蓑戴笠，银海冷光生晕。去程远近。好乘取、晚来风顺。兰桡桂桨，空明击沂③，画图诗境。

① 六花：泛指雪花。
② 陨：坠落。
③ 沂：同"溯"。逆水流而上。

并 蒂 芙 蓉

题蒋南沙①相国画并蒂莲花

水净风疏，映碧空倒影，花间无暑。清露洗红装，解环佩何许。同心并头两朵，洛浦凌波笑相与。结成伴侣。惜双双、占断风流娇妩。　　晓镜玉容比并，有鱇鱇鲽鲽②，花间来去。不肯画鸳鸯，怕芳意轻妒。嗤它尹邢避面③，仿佛商量凭肩语。这般态度。愿为花、总开一处。

① 蒋南沙：清代杰出画家，名廷锡，字扬孙，一字南沙，号西谷。常熟（今江苏常熟市）人。其画落笔超然绝俗，笔墨遒劲。作品有《四瑞庆登图》《竹

石水仙图》等。

②鲽鲽：鱼名。比目鱼的一种。鲽鲽：也是比目鱼的一种。旧说比目鱼总是两两并行，故常喻成双成对。

③尹邢：汉武帝尹、邢二位宠妃的并称。武帝曾有诏，二人不得相见。

丑 奴 儿

花筒，制自仪征相国①，截竹不拘长短，穴其半，以节为底。节节贮水，皆可插花。或挂墙隅，或排比为屏。最佳者惟芍药、洋菊，五色绚烂，灿若明霞。词以纪之。

虚心直节为筒好，野草奇葩。排比纷拿，离合神光粲若霞。　　铜觚玉盎②何须论，青绿交加。镂篆雕花，长短随心不及他。

①仪征相国：清学者阮元，江苏仪征人。乾隆进士。

②铜觚：古代饮酒器。青铜制。喇叭形口、细腰、高圈足。盛行于商代和西周初期。玉盎：盆之美称，腹大口小。

金 缕 曲

戏述懒

晓起临妆懒。觉年来、闲身多病，神思苦短。谁耐宫鬟①梳浮渲，管甚胭脂浓淡。更谁问、画眉深浅。辜负描花新样好，度金针怕引丝丝线。蔷薇露，未须盥。　　研池积水生苔藓。任窗前、花花叶叶，随风飘卷。开卷难成终卷读，断阕无心重按。又不是、春醪醉晚。瘦比黄花慵似柳，绣罗襦随意腰围缓。懒之病，最难遣。

①宫鬟：宫廷发式。

金　缕　曲

云台①相国属题宋本《金石录》

日暮来青鸟②。启瑶函③、纸光如研④，香云飘缈。风雅唱随夸漱玉⑤，夏鼎⑥商彝细考。聚绝世、人间瑰宝。几易沧桑悲散落，剩琳琅小束雕镌妙。研经室，为长保。　　相公白发亲雠校。拥书城、玉台仙侣，况兼同好。南渡烟烽惊琐尾⑦，不尽乱离怀抱。更谁究、言妖颠倒？赖有名言为昭雪，按编年证取宣文老。蝇点璧，净如扫⑧。

①云台：即清代学者阮元。号"云台"（亦作"芸台"），亦为其书斋名。

②青鸟：旧称传信的使者为"青鸟"。

③瑶函：对他人书信的美称。

④研：在物体上碾磨使坚实发亮。

⑤风雅唱随夸漱玉：指李清照与赵明诚夫妇的和谐的文化生活。

⑥夏鼎：传说夏禹收集九州的金属铸成九鼎。后泛称古董为夏鼎商彝。

⑦琐尾：即成语"琐尾流离"。《诗经·邶风·旄丘》："琐兮尾兮，流离之子。"后喻处境由顺利转为艰难。

⑧自注："讹传易安改适事，云台相国及静春刘夫人辨之最详。"

惜花春起早

本　意

晓禽鸣，透纱窗、黯黯淡淡花影。小楼昨宵听尽夜雨，为著花事惊醒。千红万紫，生怕他、随风不定。便匆匆、自启绣帘看，寻遍芳径。　　阶前细草濛茸，承宿露涓涓，香土微泞。今番为花起早，更不惜、缕金鞋冷。雕栏画槛，归去来、闲庭幽静。卖花声，趁东风，恰恰催人临境。

①旁批："直入清真之室，闺秀中不能有二。"

爱月夜眠迟

本　意

树影朦胧，望小蟾乍涌①，人立桐阴。草根虫语，沾衣露下，双双睡稳胎禽②。芭蕉掩却红灯，天街夜色深沉。又谁家、一声声，不住敲动寒砧。　　当此月满风微，把冰丝再鼓，谱入瑶琴。井栏干外，闪闪不定，萤火几点难寻。清辉暗转花梢，良宵一刻千金。想嫦娥、也如我，爱月不顾更深。

①小蟾：指新月。

②胎禽：鹤的别称。

阳　台　路

赋得"手倦抛书午梦长"，效柳耆卿体，并次其韵

未天晚。耐困人昼永，诗书抛乱。卷纱橱、隐几南窗，神逐水沉香远。莲隔丁丁①，一枕梦游，柳憨花暖。曾经惯。旧路儿，桃源前度人散。　　怅望碧溪流水，好梦醒、难抬倦眼。细思量处，又惹下、暗愁无限。人何在、风裳水佩，剩有绿阴幽馆。无端鸟语惊回，从何消遣②？

①丁丁：应为钟漏声。莲，应指莲花漏。一种古代计时的器物，北宋张公庠《宫词》："朱字衔香伴玉炉，丁丁莲漏月来初。"

②旁批："此等词非时下人所能，并非时下人所知。"

南　乡　子

云林属题《薰笼美人图》

窗外雪昏昏，人倚薰笼昼掩门。寒恋重衾眠不起，氤氲①，一瓣香浓谁与焚？　　写出画中身，浅黛愁含隔宿痕。仿佛思量多少事，消魂②，何处行云梦不真？

①氤氲：烟气弥漫貌。

②消魂：同"销魂"，形容极度的愁苦悲伤。

喝 火 令

己亥惊蛰后一日，雪中访云林，归途，雪已深矣。遂拈小词，书于灯下

　　别久情尤热，交深语更繁。故人留我饮芳樽①，已到鸦栖时候，窗影渐黄昏。　　拂面东风冷，漫天春雪翻。醉归不怕闭城门。一路璚②瑶，一路没车痕。一路远山近树，装点玉乾坤。

①芳樽：美酒。
②璚，同"琼"。

柳 梢 青

题《寒月疏梅图》

　　老干横斜。一枝初放，低护檐牙。雪后黄昏，吹来何处，怨笛哀笳。　　冰姿不共凡葩。照流水、清心自夸。冷淡花光，朦胧月影，深院谁家。

西 子 妆

　　三月十三，邀余季瑛、吴孟芬、钱伯芳、陈素安诸姊妹，小集红雨轩看海棠，用吴梦窗韵。

　　风信几番，半春过了，绛雪吹成香雾。待看草色入帘青，敞疏窗、小轩花坞①。东风慢舞，更分付、留春且住。愿年年，到花开时候，良朋如许。　　休轻误。有限韶华，不许匆匆去。蓬门花径为君开，隔春阴、海棠盈树。拈题索句，莫辜负、阳春同赋。最关心，万点禁风著雨。

①花坞：四面高中间低的花圃。

南 乡 子

惜花词

一夜妒花风，吹过阑干第几重。何事封姨情太薄？匆匆，零落深丛与浅丛。　　春冷逼房栊，晓起开帘扫落红。风势未停天又雨，蒙蒙，乱卷飞花小院中。

江 神 子

听项屏山姊（纫）弹琴

画堂春暖日光晴。坐深庭，泛瑶觥①。一曲仙音，许我醉中听。虽是初逢如旧识，言不尽，话生平。　　落花风度水云声。韵泠泠，特分明。真个九皋②，长唳近虚灵。听到曲终人语静，蓦然使，寸心清。

① 瑶觥：玉制酒器。指饮酒。
② 九皋：深远的水泽坎地，《诗经·小雅·鹤鸣》："鹤鸣于九皋。"

沁 园 春

游常氏废园，用竹叶庵《游孔氏废园》韵

触目荒凉，小立回廊，夕阳斜矬。认画栋妆楼，红窗疏敞，长楸修竹，绿叶婆娑。满地浓阴，一声啼鸣，乔木森森绕薜萝。玲珑石，眇奇峰怪岫，几朵青螺。　　风流此地经过，剩玩月荒台照素娥。想当日繁华，而今安在？一朝散尽，妙舞清歌。烛炧①香消，光沉响绝，过客空增感慨多。风来处，听檐铃敲动，犹似鸣珂②。

① 烛炧：蜡灰。
② 鸣珂：玉石撞击声。

凄　凉　犯

咏残荷用姜白石韵（社中课题）

斜阳巷陌。西风起、池塘一带萧索。露重半垂，月黄低挂，画阑斜角。风情最恶。更不奈、凉蟾影薄。况飞飞，社燕将归，鸿影度沙漠。　　回忆情何限，隔叶传歌，对花行乐。无端青女，暗行霜，舞衣催落。苦意清心。尚留得余香细著。更西窗、剪烛话雨，订后约。

金　缕　曲

题《桃园记传奇》

细谱桃园记。洒桃花、斑斑点点，染成红泪。飞絮落花长亭路，难寄相思两字。遍十二、阑干空倚。冰雪肌肤琼瑶想，引情丝蠮损春山翠。仙家事，也如此。　　凌风驾月因谁起？总无非、心心相感，情情不已。只为情深深如海，泛出慈航①一苇。渡仙女、仙郎双美。记取盟言桃花下，问三生石②上谁安置？合欢斝③，莫辞醉。

①慈航：佛教称佛以慈悲之心度人，使脱离苦海，有如航船之济众。
②三生石：传说唐代李源同僧圆观友善的故事（见《甘泽谣》）。后人附会谓杭州天竺寺的后山有三生石，即李源和僧圆观相会之处。
③斝：古代酒器。用以温酒。

茶　瓶　儿

病中谢闺友赠茶

病里闲愁如织。落花残、小庭人寂。倦梳慵裹浑无力。恰寄到、雨前新叶。　　慰消渴，情何极。泛清芬，者般颜色。绿尘飞盏，碧香生颊。风定处、竹炉烟直。

水 调 歌 头

中秋独酌（用东坡韵）

云净月如洗，风露湛青天。不知今夕何夕，陈事忆当年。多少消魂滋味，多少飘萍踪迹，顿觉此心寒。何日卸尘鞅①，肥遁水云间。　　沃愁肠，凭浊酒，枕琴眠。任他素魄，广寒清影缺还团圆。谁管春庚秋蛩②，毕竟人生如寄，各自得天全。且尽杯中物，翘首对婵娟。

①尘鞅：鞅，套在马颈上的皮带。喻世俗事务的束缚。
②庚、蛩：即仓庚（黄莺）与蟋蟀。

金风玉露相逢曲

中秋后一日，同云林、湘佩、家霞仙，雨中游八宝山。晚晴，次湘佩韵。

寒烟冒树，凉风吹面，云外奇峰屏列。相期不负雨中游，仿佛是、山阴冒雪①。　　危阑倚袖，遥天极目，一片秋光清绝。敲诗把酒晚晴初，卧夕照、残碑断碣。

①山阴冒雪：指晋时山阴王徽之雪夜访戴逵事。

高 山 流 水

听琴（社中课题）

七条弦上写柔情。一丝丝、弹动秋声。风拍小帘栊，花阴恰有人听。芭蕉影、隔住红灯。分明是，流水高山①绝调，戛玉敲冰。更幽兰制佩，腕底散芳馨。
泠泠。虚空度鸿雁，寒浦外、水净沙平。何处怨苍梧，落叶舞遍风轻。贵炉烟、仁月曾停。夜深也，还怕纤纤素指，错点明星②。悄无言、恍若江上，数峰青。

①流水高山：喻曲之高妙。

②明星：亮星。《诗经·郑风·女曰鸡鸣》："子兴视夜，明星有烂。"

风　入　松

买　菊

满城风雨近重阳，昨夜见微霜。含苞细认玲珑叶，问佳名、色色①端相。出水芙蓉玉扇，落红万点霓裳。　　萧条古寺集寒芳，何论价低昂。买归自向疏篱种，伴园蔬、平占秋光。知有白衣送酒，已伴沉醉花旁。

①色色：分辨容色；犹言各种各样。

瑶　华

代许滇生六兄题《海棠庵填词图》

闲庭日暮。绛雪霏香，绕海棠无数。苔痕草色，自有个、人在花深深处。故烧高烛，照春睡，乌阑①亲谱。衍波笺，斟酌宫商②，付与双鬟低度。　　红牙③缓拍新声，正料峭微寒，花影当户。搓酥滴粉，还又怕、帘外柳梢莺妒。春阴乍满，却不是、听风听雨。擅风流，小样迦陵④，一缕茶烟轻护。

①乌阑：即乌丝栏，有黑线格子的纸。
②宫商：古代音乐分宫、商、角、徵、羽五音，宫、商是两个相邻的音调。
③红牙：乐器名。调节乐曲节拍的拍板。
④迦陵：鸟名。即迦陵频加。梵语译音。意译为好音声鸟。

唐　多　令

十月十日，屏山姊月下使苍头送糠一袋，以饲猪。遂成小令申谢。

风起又黄昏。鸦栖静不喧。拍幽窗、霜叶翻翻。把卷挑灯人未睡，酌杯酒，悄无言。　　明月满前轩。天高夜色寒。几推敲，伫立闲门。谷膜米皮中有道，君莫笑，察鸡豚。

踏　莎　行

梦（次屏山韵）

幻影浮泡，原无凭据。个中变化纷如缕。也生欢喜也生愁，故人往事相逢处。　　念切情真，千头万绪。趾离①切莫将人误。轻如蝴蝶腻如云，寒衾不耐天明雨。

①趾离：梦神名。《致虚阁杂俎》："梦神曰趾离。呼之而寝，梦皆清而吉。"

鹊　桥　仙

牵牛（社中课题）

丝丝柔蔓，层层密叶，绿锁柴门小院。朦胧残月挂林梢，早已是、牵牛开满。　　一天凉露，半篱疏影，飘缈银河斜转。枉将名字列星躔①，任织女，相思不管。

①星躔：指星辰运行时经过天空的某一区域。此指牵牛星。

塞　上　秋

雁来红（社中课题）

恼人最是西风。断肠听尽归鸿。谁把胭脂画工，月明霜重，染成芳草娇红。

踏　莎　行

老　境

老境蹉跎，寄情缃素①，间身伴作书丛蠹。年来多病故人疏，生涯赖有山中兔②。　　梦去慵寻，曲成自顾，唾壶击缺③愁难赋。敢将沦谪怨灵修④，虚名早被文章误。

①缃素：此指笔墨生涯。

②山中兔：此处指笔。

③唾壶击缺：唾壶，痰盂。《北堂书钞》："王大将军（敦）每酒后，辄咏魏武帝《乐府歌》：'老骥伏枥，志在千里；烈士暮年，壮心未已。'以铁如意击唾壶为节，壶尽缺。"

④灵修：这里泛指君主。

《东海渔歌》补遗

浪　淘　沙

春日同夫子慈溪纪游

花木自成蹊，春与人宜。清流荇藻荡参差。小鸟避人栖不定，飞上杨枝。　归骑踏香泥①。山影沉西，鸳鸯冲破碧烟飞。三十六双花样好，同浴清溪。

①香泥：泥土里杂有花草的芳香。

南　柯　子

山　行

绤绤①生凉意，肩舆②缓缓游。连林梨枣缀枝头，几处背阴篱落挂牵牛。　远岫③云初敛，斜阳雨乍收。牧踪樵径渐深幽，昨夜骤添溪水绕村流。

①绤绤：绤，细的葛布；绤，粗的葛布。葛布俗称"夏布"，麻织品。
②肩舆：用人力抬扛的代步工具。其制为二长竿，中设软椅以坐人。
③远岫：岫，峰峦。远山。

早　春　怨

春　夜

杨柳风斜。黄昏人静，睡稳栖鸦。短烛烧残，长更坐尽，小篆①添些。　红楼不闭窗纱。被一缕、春痕暗遮。澹澹轻烟，溶溶②院落，月在梨花。

①小篆：此指盘香，因其形似篆文，故名。
②溶溶：形容月光如水貌。

惜 分 钗

咏空冲

春将至，晴天气。消闲坐看儿童戏。借天风，鼓其中，结彩为绳，截竹为筒。空！空！　人间事，观愚智。大都制器存深意。理无穷，事无终。实则能鸣，虚则能容。冲！冲！

醉 翁 操

题《云林湖月沁琴图》

悠然，长天，澄渊，渺湖烟，无边。清辉怅望兮婵娟①。有美人兮飞仙②。悄无言，扬袖促鸣弦。照垂杨素蟾影偏③。　羡君志在，流水高山④。问君此际，心共山闲水闲。云自行而天宽。月自明而露瀼⑤。新声和且圆，轻徽⑥徐徐弹。法曲⑦散人间。夜深香霭非麝⑧兰。

①婵娟：此处指月光美好貌。
②飞仙：苏东坡《前赤壁赋》："挟飞仙以遨游，抱明月而长终。"
③素蟾影偏：月亮西下。
④流水高山：《列子·汤问》："伯牙鼓琴，志在登高山。钟子期曰：'善哉！峨峨兮若泰山；志在流水。钟子期曰：'善哉：洋洋兮若江河。'"
⑤露瀼：露多貌。
⑥徽：琴节。
⑦法曲：古代乐曲的一种。初用于佛法会。原为西域音乐，又与汉族清商乐结合。词中有《法曲献仙音》。
⑧麝：鹿类动物，雄的分泌麝香，此指麝香。

右词五阕，见钱唐沈湘佩女史（善宝）《闺秀词话》，适为三卷中所无，当是编入第二卷者。甲寅六月蕙风词隐记。
《东海渔歌》三卷，附补遗五阕。甲寅荷花生日校毕。各阕后间缀评语。太清词亦未即卓然成家，阅者能知其词之所以为佳，再以评语参之，则于倚声消息思过半矣。蕙风再记。

鉴于江民繁、王瑞芳所著《中国历代才女小传》（第385页）有顾春词一阕集外之作，兹一并转录于《东海渔歌》补遗部分。

　　据《香珊瑚馆词》记载："家藏善孚斋《王孙乘槎载妓图》,中有天游老人（即顾春）《齐天乐》一阕，为集外之作。"李一氓同志认为，此词意味，与渔歌合调，当为故作。现转录于此，可补集中之遗。（摘自《亡肉含冤谁代雪——"女中清照"顾春》）

齐 天 乐

　　众香国里香风起，灵槎御风而下。天女腰肢，维摩①眉宇，闻是王孙自写。欲何为也？有百八牟尼②，一函般若。不著纤尘，摒除一切，更娴雅。　　本来心在云水③，现官身说法，恁般潇洒。不染峰峦，不增泉石，一片青天光射，翠鬟娇姹。岂谢傅东山，管弦游冶。载个人儿，散天花侍者。

　　①维摩：佛名。即"维摩诘"。释迦同时人，也作毗摩罗诘。义译无垢称，或作净名。

　　②牟尼：即释迦牟尼，佛教之始祖。

　　③云水：指"行脚僧"或"游方道士"。因其随处参访，行踪无定，如行云流水，故名。

"长白文库"出版书目：